[美] 卡尔·弗兰克尔 艾伦·布隆博格 著
张漫漫 译

社会企业运营指南

Carl Frankel

Allen R. Bromberger

The Art of Social Enterprise: Business as if People Mattered

南方出版传媒
花城出版社
中国·广州

图书在版编目（CIP）数据

社会企业运营指南 / (美) 卡尔·弗兰克尔，(美) 艾伦·布隆博格著 ; 张漫漫译. -- 广州 : 花城出版社，2020.1

书名原文: The Art of Social Enterprise

ISBN 978-7-5360-8939-6

Ⅰ. ①社… Ⅱ. ①卡… ②艾… ③张… Ⅲ. ①企业经营管理－指南 Ⅳ. ①F272.3-62

中国版本图书馆CIP数据核字(2019)第261289号

图字:19-2017-224 号

First published New Society Publisher Ltd., Gabriola Island, British Columbia, Canada

出 版 人：肖延兵

策划编辑：林宋瑜

责任编辑：林　菁　揭莉琳　刘玮婷　罗敏月

技术编辑：凌春梅

封面设计：庄海萌

书　　名	社会企业运营指南 SHEHUI QIYE YUNYING ZHINAN
出版发行	花城出版社 （广州市环市东路水荫路 11 号）
经　　销	全国新华书店
印　　刷	广东新华印刷有限公司 （广东省佛山市南海区盐步河东中心路 23 号）
开　　本	880 毫米×1230 毫米　32 开
印　　张	7.25　1 插页
字　　数	145,000 字
版　　次	2020 年 1 月第 1 版　2020 年 1 月第 1 次印刷
定　　价	35.00 元

如发现印装质量问题，请直接与印刷厂联系调换。

购书热线：020-37604658　37602954

花城出版社网站：http://www.fcph.com.cn

谨以本书，献给世界各地数以百万计的社会企业家及其支持者，他们一直努力让世界更美好！

攻击现状，从来就改变不了什么。只有瓦解现有模式，建立新模式，才能有实质性的改变。

——巴克敏斯特·富勒

来自全球著名专业人士的赞誉

阅读《社会企业运营指南》这本书，好像跟几个资深专家一起在酒吧神聊，语言鲜活，建议睿智又个性化十足。如果你想开办自己的社会企业，正在寻求介入的智慧，请购买这本书吧。

——埃班·古德斯坦，经济学家

巴德学院可持续发展MBA课程主任

两位有心的律师撰写的一本关于用心经营企业的书。有趣、睿智、有用。

——吉尔·福瑞德，自然逻辑公司首席执行官

永续经营名人堂创始会员，《绿色企业的真相》作者

社会企业简介及其从想法到影响力中吸取创意的潜力。作者行文风格浅显易懂，向读者全面介绍了成功发起可持续经营创投企业的关键概念及原则。图书馆必添佳品！

——杰德·艾默生

罗伯兹企业发展基金会创始董事

每一页简单的指引中都蕴含着深刻的洞见和启示。总的来说，这是每一位社会企业家获得成功的必备工具书。有关社会企

业艺术的必读佳作。

——道格·汉莫德，博翰顾问公司创始合伙人

本地活力经济商业联盟前执行董事

一本从法律角度、经济角度和精神角度鲜活解读社会企业真实面貌的佳作。社会企业家不仅爱读这本书，还会置于案头，随时翻阅解惑。

——比尔·托伯特，波士顿学院院长

行动探究研究员，领导力研究荣誉教授

弗兰克尔和布隆博格亲身经历了这一切，集结出无与伦比的智慧。《社会企业运营指南》一书对意图、金钱、情绪、法律、关系、团队合作、自我意识等主题给出了出色的建议。这是一本精心调研后精妙成文的书，覆盖了如何启动、运营一家社会企业并存续下去所需了解的各方面信息。

——吉福德·平肖特

班布里奇研究生院院长暨联合创始人

世界急需新的经营企业之道。《社会企业运营指南》用清晰、通透和幽默的语言诠释了这种新道法。这是想开创未来创新企业先锋人士的头号指南。

——保罗·吉尔丁

《大崩解》作者

《社会企业运营指南》这本书通俗易懂，当今社会比任何时

候都更需要社会企业，这本书为这个领域带来了发展框架与策略，推动这个领域的发展。

——大卫·勒文

美国可持续商业委员会联合创始人兼首席执行官

弗兰克尔和布隆博格在《社会企业运营指南》一书中呈献了一份珍宝。他们揭示了简单而深刻的真相，即成功的社会企业家需内外兼修，实现内心（心灵）的井然有序与落实外部战略与财务融资一样重要，不分彼此。简言之，这本书讲的是减少这个世界的痛苦——为了自己，也为了贫穷者，为了整个环境。

——斯图尔特·哈特

康奈尔大学强生商学院全球可持续发展企业项目负责人

在抵抗不公义、环境毁坏与经济崩解情况之时，唯有快速提升自我、改善体系和环境，才能拥有可持续的竞争优势。对于致力于人文与自然蓬勃发展之人，本书无异于一款演化加速器。

——巴雷特·布朗博士

大整合研究院院长兼整合可持续发展中心执行总裁

这本书全面深刻地介绍了社会企业的详细情况。这本书也能让你深入了解这种打破传统商业模式的重要的新兴企业。对于有兴趣了解社会企业领域者或开办自己的企业行善之人，此书是必读之物。

——杰弗里·霍兰德

七时代公司联合创始人兼前首席执行官

目录

前　言

写这本书是我们希望社会企业是可以延续的机构，因为我们希望作为个体的社会企业家也可以延续。若这本书无用，我们也不会写。

我们用的方法不太传统。大多数商业书籍关注的都是战略和策略，或领导力——外在和内在的博弈。成功的企业家必须身兼两项技能：精明与智慧，所以我们已经为每个主题分配了大致相等的余地。

本书分为三个部分。我们在第一部分简单介绍社会企业这个新生事物，虽有一丝夸大，但我们可以说，社会企业在全世界大受欢迎。至于我们为什么以这种方式发行这本书则既有外因也有内因，或如果你喜欢也可以称为主观原因和客观原因。作为一个实践性的问题，这部分的内容为后面更多的细节材料提供了一个框架。这本书对当前和未来的从业者也有用处，可以帮他们了解自己所在的圈子。至于主观原因，当我对自己说“我是社会企业家”的时候，不可避免地会出现一个问题：这是什么意思？照镜子时，我看到谁在回望我？所以本节将讨论人类最基本的问题：我是谁？而且，由于我们是社会物种，它也处理相关问询：我属于哪个群体？

第一部分有三章：

- “新世界，新规则”。
- “进步中的族群肖像”，这一章以较高的视角对社会企业这个多面的、复杂的新生事物进行了非正式的分类。
- 在“世界观之战”章节中，对于什么是登上世界舞台的最好方法而言，我们检验了社会企业是如何适应成熟的心智模式与新兴心智模式之间的竞争。

在第二部分，我们把注意力转到运营社会企业的机制方面。总之，社会企业家主要关注三个不同的领域：理念（他们打算完成什么任务），金钱（可以提供财力物力帮他们实现目标）和人脉（即使是最聪明的人也不可能独自打造一家成功的社会企业）。第二部分有四个章节：

- “心之所在，无问西东”（关于理念）
- “金钱很重要”（关于财力）。
- “社会企业，是人的事业”（关于人的问题）。
- 在“决策！决策！决策！”这一章，读者会看到艾伦与社会企业家一起解决问题的过程。我们加上这个章节是因为社会企业家必须擅长处理战略和战术的选择。要下好国际象棋，就要了解棋子。同样，要办好社会企业也应如此——多年来艾伦一直都在下这盘棋。

第三部分（社会禅型企业家）主要讲内心的博弈。这一部分内容为在社会企业发展的滚滚洪流中乘风破浪的同时，如何保持现状和保持平衡提供了指导。这一部分有三个章节：

- “社会企业的‘气’与‘力’”揭开了有关商业、权力和领导力的传统（和反传统）迷因。

- “社会企业十诫”讲述了必须遵循的成功原则。
- “克服企业家病”这一章讲的是具有企业家气质的人（或社会企业家气质）经常要面对的一些特殊问题，这些问题哪怕并非不可避免，也会经常遇到。

这本书还有其他更多意见可能有用。首先，我们加进去的材料与传统企业家和社会企业家都有关系（也跟投资人有关）。每个企业家，不管是不是社会企业家，都需要筹集资金，也会面临“愿景狂”风险的折磨。我们也谈到领导力，这是一项终身技能，而不只为社会企业家所用。

其次，我们尽量保证这本书言简意赅，便于理解却又妙趣横生。现在的人没多少时间读书，我们努力遵循作家埃尔默•莱昂纳德（Elmore Leonard）对写作者的忠告：“删掉读者可能跳过的那部分。”所以我们认真地组织好语言，希望哪怕你只是随便翻翻也能获得很多有价值的东西。

再次，本书提及的主要地点在美国，很简单，我们最了解的还是美国和这里的法律。考虑到社会企业现象具有全球意义，我们也提到了其他国家的情况。

最后，但同样重要的是，这本书虽然并不是讲灵性方面的东西，但也是从灵性直觉方面得出的。我们相信，要真正成为社会企业方面的专家，就必须亲自参与并具有自我意识。主观上，你得有悟性，一点即通，客观来讲，你还得深谙此道，两者缺一不可。你要培养各种技能，比如在不确定性面前安之若素。你要平衡好自我与无我、个人利益与服务大众、自信与谦逊之间的关系。你要合理地把这个当作精神实践或对领导力的要求。我们认为两者之间有很多重叠。

序　一

艾伦·布隆伯格

激励我当律师的动机是做好事和把事做好的愿望，我很多客户也有这方面相同的本能需求。我的抱负与客户的目标之间的贴合让我有机会开创一份独一无二的事业，我能想方设法将慈善与商业一起发挥作用，达成传统法定组织形态无法完成的目标。我的客户必须创意十足，用新方法解决老问题，我也是如此。当你想用不同的方法做事情，创意和改变至关重要。

我从1982年起开始担任公益律师，工作范围从囚犯权利和家庭暴力到廉租房及社会服务。在此之前我则负责住房与政治事务。在我担任律师的几年间，我开始专门重点关注与非营利组织自身业务相关的需求：筹资、管治、合规、免税、政治活动和商业活动等。就是在那个时候，我自己写书，还和别人合伙写了两本书，《井然有序》[1]和《对非营利组织的建议》[2]，这些书在纽约律师之间广泛使用。这些指导性的书籍旨在帮助没有经验的律师有效地处理非营利性的法律问题。

当时，非营利组织找到新的财源，并在市场上检验他们的服务价值，非营利组织的商业元素发展迅速。我很快发现，企业与慈善之间的界限让非营利组织很难有效从事商业活动，也让营利企业很难有效与慈善组织成为伙伴。慈善团体的运作方式和各种必须遵循的限制经常让企业界的高管备感受挫。他们也很少意识到，其实我的非营利组织客户也在抱怨同样的事情。

很快我就认识了很多热心社会活动的商界领袖，并开始跟他们探讨如何在不偏离重点或不丧失盈利的情况下，一劳永逸地利用公司做善事。我学习到公司如何起步，如何发展，怎样做战略决策，我也知道公司的高管与董事、投资人、顾客、供应商和雇员之间的利益是如何变换，如何调解的。我知道怎样为客户提供咨询，让他们的生活更简单一点，而不是更难。

从那以后，我担任过多家董事会和委员会的成员，我也为联邦政府提供如何支持社会企业并对社会企业进行监管方面的建议，我还写了很多关于慈善事业和商业如何携手合作的文章。我经常四处讲课。我还写博客。一些非常聪明的人士定期找我咨询，所以我必须把事情做对。

这本书记录了我学到的一些经验，并用一种寓教于乐、容易理解的方式来分享这些信息，而且足够深入，足够实际，方便读者使用。时代在变，我很高兴自己是其中的一分子。

序　　二

卡尔·弗兰克尔

我是学律师出身的，是纽约律师协会的会员，在环保企业和社会责任企业一直工作了二十多年，我还是一个作家、咨询师和企业家。回溯到生态企业的史前时期（应该是20世纪80年代）我写了有史以来第一份关于绿色消费主义的市场研究报告。1990—1994年，我出版了一份产业通讯《绿色市场警讯》（Green Market Alert）并为之撰文，跟踪绿色消费主义、社会责任企业和企业环保主义方面的发展情况。之后六七年间，我的关注点依然是企业和可持续性发展。我曾经是一家专注企业环保主义的杂志的北美编辑，我写了一本很受欢迎的书（《地球上的公司：商业，环境和可持续发展的挑战》[3]），我为很多营利组织和非营利组织提供咨询服务，我在各类会议上发言，通常我还以专家和思想领袖的身份参与这个社群。

进入新世纪，我的关注点也有所转移。这些年来，我一直跟踪研究并合作的组织都是成熟的组织，我开始觉得自己仿佛被困在电影《土拨鼠之日》的场景里。我不断看到相同的错误出现，学不到什么新东西，进展缓慢，令人痛苦。与此同时，社会和生态发展却迅速冲向深渊。改变的速度可以再加快一些吗？这让我觉得这是我们这个时代最重要的战略挑战。

当我思考这个问题时，我找到了两个答案。首先，我们必须更深入地了解出现可持续发展危机的根源，包括整合其内因与外因。2004年我写了一本书：《走出迷局：我们是谁？为何犯错？如何解决》[4]，其观点正是受此启发，我对可持续发展危机的“深层结构”做了分析。

其次，既然老路子走不通，我们需要新的规则之道。有了这样的认知，我的注意力转向社会企业，既写书，也实际参与其中。受阿斯彭研究所委托，我花费数月时间撰写社会企业白皮书。我花了一年半时间为“多一网络公司”（ManyOne Networks）的管理团队服务，这是一家雄心勃勃但最终并不成功的社会企业，创始人约瑟夫·法尔马格（Joseph Firmage）的目标是打造“网络界的公共电视”。我自己也规划了一个社会企业，取名叫“我们社区网”（Our Community Network），运营了三年时间。你可以把这家公司想象成网络分类广告公司“克瑞格清单”（Craigslist）和网络团购鼻祖“酷朋”（Croupon），不过这家公司在两者合并之前就已经出现了。2009年起，我一直担任“亲密艺术中心”（Center for the Intimate Arts）的董事总经理，这家社会企业专注性教育。

我在环保企业和社会企业深耕细作，希望与大家分享个中滋味。

第一部分
什么是社会企业

SECTION ONE
This Thing Called Social Enterprise

第一章
新世界，新规则

拉尔夫·沃尔多·爱默生：
“人生最美好的回报之一，便是你诚心助了人却亦助了己。”

大家好！这本书是一部讲述如何成功经营社会企业的指南。社会企业是一种开展井然有序且具备生产性的人类活动的新途径，让人们在实现个人成就的同时，能更容易地满足服务他人的双重愿望。

作为律师，作为在社会责任企业和社会企业有超过五十年经验的从业者，我们希望帮助社会企业家获得成功——我们知道这个过程无比艰难。社会企业家，首先且最重要的是一个企业家，且绝大多数创业型企业往往九死一生。加入“社会”二字，挑战则更为艰巨。从某种程度而言，社会企业的交手规则本身就更为错综复杂。需要服务的主人更多，要考虑的变数也更多。而社会企业的规则却没那么清晰，因为社会企业还是新生事物，如懵懂少年，距功成名就尚需时日。这一领域，迷雾重重，有待探究。所以我们写下了这本书——尽我们所能，驱除迷雾。

挑战肯定有，但也绝对是一场值得入局的竞赛。经营社会企业不仅本身就是一种高尚的活动——是值得倾情投入的事业——可以“成为最好的自己”，这也是一个可行的事业，只要牌打得好，赢面就更高。远见卓识的未来主义者巴克敏斯特•富勒所描绘的那个为全人类服务的世界，人们比以往任何时候都更加盼望其降临。这种渴望则正是每个社会企业家的制胜王牌。将这股能量用好，植入具体的项目之中，定会助你乘风破浪，加速成功。

为什么要做社会企业

在谈论社会企业的机制之前，我们先来研究下为什么社会企业在全球如此瞩目。概念在某种程度上就像精子——奔跑的几十亿只蝌蚪，最终只有一到两只活着见到了曙光。为什么那么多的概念都失败了，而社会企业存活了下来？

我们深信，社会企业之所以能抓住人心，在于它说出了人们内心深处的渴望，而启迪所有伟大宗教诞生的原因亦是如此——那就是对根除人生痛苦的渴求。

什么？这倒是一个飞跃啊！

是的，请听我们慢慢解释。

如果你和我们一样，肯定会乐见痛苦的终结。我们就从最平常的目标开始吧，比方说，消除贫困和疾病。

因为痛苦不仅仅是身体层面的，你可能想做一些更能体现公平的事情。你更希望在拥有者和非拥有者之间能更加平均地分配资源。你希望全世界的女性能拥有和男人一样平等的权利。你希望看到不同种族与不同宗教能得到一样的尊崇与尊重。

如果你有勇有谋，你也会渴望引起苦难的情况会有所改变。你会希望我们有健康的生态系统，不仅仅是为了系统本身，而是因为健康的环境本身就是丰茂的，会减少贫困和疾病。你期待我们的政治体系为所有人谋福，而非仅让少数有钱人受惠。你期待看到带动社会体制发展的驱动力量更多的是来自关爱，少一些争权夺利。你期待看到世间更多美好与高尚的事情。

不过，如果你跟我们一样，那你关心的不仅仅是“外在”的东西，还有自己的“内在”。想象着世人遭受的真实苦难时，我们也会难受——没有一个人希望如此啊。我们真的不想这样！

坦白说：我们渴望帮助他人，这种渴望却有自私的一面。我们关心的不全是自己，但我们也蛮关心自己。这不是坏事，当然我们也无须为此自责。即使是不特别自私的人，也会以自我为中心，会关注自己的。大家首先都会关心自己的福祉。

事实上，如果说我们人类这个物种最擅长什么，那一定是吃苦。外观世界时，我们感受到痛苦。我们内观审视自己，觉得没有做到最好，或觉得没有尽最大能力减少世界的苦难，我们就依然觉得痛苦。

若我们没有实现期望达成的目标，也会觉得难过。有时候，我们自我阻遏了自己的追求；有时候，世界阻挡了我们的脚步；有时候，自我与世界都阻挡着我们前进的方向。不管什么原因，当期望与成就之间有了落差，人就会苦恼——苦恼可不是件好事。

更多的情况是，只要认知出现分裂，我们就会痛苦。若我渴望变得高贵却视自己的行为低劣，这本身就是割裂。若我幻想一帆风顺的成功，而现实却好坏参半，这就是分裂。若我渴望消除贫穷，放眼望却处处贫民窟，这就是分裂。这种种分裂，让人痛苦难耐。

有了这些想法作为背景，让我们回到社会企业这个概念。按照目前的结构，我们的组织会激起痛苦。企业的发展规则倾向于鼓励“以我为先”的自私，而这种观点却与人们希望自己情操高尚是相悖的。非营利组织的发展规则不鼓励冒进和高效行动，也不鼓励冒险。对于很多人来说，取得好业绩像道德高尚一样获得追捧，确实有点让他们崩溃。结果是人们夹在两种并不令人满意的选择中挣扎——他们做也不是，不做也不是。

社会企业就是这样诞生的，为了减少这个世界的痛苦——肉体上、精神上和情感上的痛苦。这本书讲的是如何减少我们内在的痛苦，也讲述了如何从工作中获得满足——如何有效地工作。

传统组织机构逼迫我们在做善事还是赚钱之间选择，结果增加了我们内在的痛苦，也更难减少这个世界的痛苦，而这本书的内容终结了传统组织机构带来的割裂。

你问问那些典型的社会企业家，他们不会说："我想结束痛苦所以我这么做。"他们更可能关注具体的原因："我想对城市农业的兴起提供点帮助。""我想把眼镜送给那些买不起的人。"不过，倘若像剥洋葱一样层层撕开，最终你会发现同样的基本愿望——对结束内心深处痛苦的渴求。翻滚吧，大神！不过，在这种情况下可选择冥想。相反，对于如何做好凡尘琐事，社会企业要求我们放弃与营利性和非营利性机构有关的旧思维模式，用更加一体化的新观念取而代之。

我们有一个让人激动的观点，只要稍微修正一下我们的"现实通道"，就可以出现不成比例的巨大变化，让这个世界更加美好。

从这个层面来看，社会企业的某些概念可以说是非常宏伟的。除了宏伟，我们还能用什么问题来描述这样一个归根结底在梦想之初便寻求终结所有痛苦的规划呢？而且，为此，在非宗派主义的基础上，只为众生的福利这一件事？

这个愿景鼓舞人心。难怪吸引人。

目标能实现吗？这个问题不可避免，就像一匹失控的马，思想沿着这条高速公路驰骋，却不是特别有用。更有针对性的问题是，你我会带来积极的影响吗？若我们能，采取行动就有了充分的理由，并不需要提出更高层次的问题去了解我们距离创建乌托邦社会还有多远。

同样真实的是，我们需要远大的梦想。不是因为这些梦想可能成真，而是因为这些梦想点燃了我们的激情，因为这些梦想让我们行动起来。行动，带来变化。

为什么要现在做社会企业

远景宏大并不是什么新鲜事。基督教曾只是个想法，而今已经有两千年的历史了。共产主义是19世纪的大概念。但为什么要做社会企业呢？为什么要现在做社会企业？

简单点的答案是，世界需要社会企业。

现在是前所未有的时代。全球人口之间的联系前所未有，可以获得无与伦比的大量信息——其中大部分都是微不足道的，有害的，却不用担心的。科学技术的突破正在以令人难以置信的速度改变我们的世界。我们内心的时间紧迫感正在加速与之相匹配。我们都变成了速度怪胎——出现注意力不集中的问题。

同时，无论你在哪里，墙壁都会倒塌。崩塌的迹象无处不在——在我们崩溃的金融体系之中，在我们压力山大的自然体系里，在我们不断萎靡的经济中，在我们无望无助的政客中间，因为他们陷入了一个吸引骗子和吹牛者的政治体系之中，在这里，即使最好的产品也无法成功。

面对这一切，熟悉的旧战略看起来摇摇晃晃。当前全球自由市场资本主义的化身可以帮我们摆脱这个麻烦吗？不一定。我们民主形式的政府呢？哪种民主政府机构呢？人民的力量如何？别打扰我们，我们在看《美国偶像》，过时、颓废和冷漠统治了这个时代。那些渴望有所作为的人受到组织结构的阻碍，其起源可以追溯到19世纪，那是一个几乎不可思议的、不同的时代。随着组织形式的演变，营利组织形式成为鼓励短期思维、追求利润第一、不顾对社会和环境损害的态度。在全球性企业层面尤其如此，小企业的规则之道也好不到哪里去。除了追求狭隘的私利，大多数小企业缺乏资源做好其他事情。

非营利组织形式同样不适合我们当前面对的挑战。从历史上看，非营利组织依靠补贴和捐赠维持生存。他们定义成功的指标往往模糊或不存在。当收入与绩效之间的关系不严格时，真正的创新是很少见的。然而不幸的现实是，非营利机构的发展规则倾向于阻止那些会导致真正改变的"全有或全无"的冒险行为。

堆积起来就是新的挑战——维持非营利性的补贴和捐赠逐渐枯竭。不仅发展道路有问题，而且现在这条道路已经到处是坑坑洼洼。对于很多非营利组织来说，要么关门大吉，要么想出新的收入来源，而且通常情况下，唯一的选择就是按照商业规则行事，追求赚取收入的策略。但是，当他们走上这条道路时，非营利组织就被指责为与企业一样——而且他们的免税地位受到质疑，而这又威胁到他们的存在。

随着我们周围的东西倒塌，旧的方式不能把事情做好，是没有希望的了。当事物分崩离析之时，必须有新的东西来替代。这可能需要一段时间——可能会有一段时间的混乱——但最终新的战略和结构会出现。崩溃不仅意味着设防，也意味着机会。

凤凰涅槃重生可以采用三种可行方法之一。首先是技术。需要转换这是件好事，但也是喜忧参半。正如20世纪教会我们的那样，技术进步可能会产生意想不到的灾难性后果。

第二个可能性涉及意识的进化。我们猜测，有些人，就是曾遭诟病的伍德斯多克音乐节[1]的传播者，正是他们预见到全球意识的转变将迎来前所未有的时代，充满关怀、分享和大爱。我们不这么想：也许是我们中间的律师遇见到的。但我们确实预计我们的心智模式会有更适度的转变。作为一个物种，我们想到的东西已经比半个世纪以前更加全球化了——类似的改变一定会出现。我们所主导的现实关注的这些变化，加上技术发展不可避免，肯定会产生组织人类活动的新策略。

换句话说，也就是第三种选择——结构的变化。

我们社会体系内的这些结构性转变已经很难了。想想社交媒体吧！与此同时，我们构建人类如何共同工作的方法虽然类似，但并没有出现什么激动人心的创新。几个世纪以来，我们已把私营机构分成两种类型：营利性机构和非营利性机构。现在，社会企业这种混合形态的组织出现了，将营利性组织的创收战略与非营利组织解决社会问题的承诺结合在一起。

这种结构性转变从基层开始出现。接受率虽然不像社交媒体那样，但还是令人印象深刻。20世纪80年代，“社会企业”这个词首次得到了广泛的应用。在写这篇文章的时候，已经是二十多年以后，美国11个州都颁布了法律，给那些把社会承诺写入章程

① 译者注：美国伍德斯多克音乐节，1969年8月15日，超过40万年轻人从不同城市聚集到纽约州东南部的贝塞尔小镇，参加伍德斯托克音乐节，“和平与音乐的3天”是这场音乐节的宣传口号，这种态度吸引了当时美国的年轻一代。他们热爱自由，对现世不满，渴望世界和平，最想借流浪找到一群人的乌托邦。音乐节的主办方预计会来5万观众，实际来了40多万人，但这3天里的和平、爱与音乐，不仅留在了嬉皮士的记忆里，留在了摇滚的音乐史上，它也成了20世纪60年代嬉皮士最巅峰的幸福。当时的嬉皮士已经不复存在，但只要提起伍德斯托克音乐节，人们就会记起那曾经的乌托邦，以及那一场关于爱与和平的、疯狂的美梦。

的企业授予正式的法律地位。第12个州（宾夕法尼亚州）也打算如此，到2013年，共益企业法规在另外16个州也被提上了议事日程。不管采用哪种合理的手段，采取的行动倒是挺快。

于是，社会企业的迷因在社会构架和机构出现问题时所产生的真空地带出现了。不过，正如我们前面提到的，并不是每个好主意都会受欢迎。为什么是社会企业而不是某些替代的方法？是什么让社会企业那么容易被友好地接受呢？就像美国防止虐待动物协会的猫咪那样。我们有以下建议：

• 毫不含糊的积极。选出最好的A和最好的B，再把它们做得更好。它鼓励深谋远虑并发挥我们的理想主义。它鼓舞人心，令人振奋。

• 它易于操作。任何想干的人都可以出来开办一家社会企业。不需要有百万美元（有钱当然好），不需要去讨好监管机构，也无须去接触有钱有势的人。正如他们所说，你需要的一切只是一个梦想。

• 对于替代品来说，这是非常明智的选择。人类的天性就是一边比较，一边购物。社会企业赢得了这一回合。

• 巴克敏斯特•富勒说过："攻击现状，从来就改变不了什么。""只有瓦解现有模式，建立新模式，才会有改变。"

世界就是一堆麻烦。全球情绪预测好像是这样的：今天的痛苦有时会加剧，而明天的痛苦可能更加惨烈。前景不容乐观，我们能做什么呢？

对全世界越来越多的人而言，答案就是社会企业。

第二章

进步中的族群肖像

戴维·卡梅伦（前英国首相）：

“社会企业是我们时代伟大的机构创新。”

在本章一开头的地方弄清楚一件事：我们并不迷恋“社会企业”一词。其一，这个词的意思并没有那么直观清晰。对于不了解这个词的人而言，“社会企业”就是挑起话题的东西，而不是对其本义的解释。对另外的人而言，这个词代表另一种可能性：反社会企业。我们知道没有任何企业会期望自己的员工竖着中指到处走。最后且比较重要的是，这个词实际上会与“社群营销”纠缠不清。如果你在谷歌中搜索“社会企业”，你会在Facebook和Twitter上发现很多相关结果。

不过这个词有两个可以进行弥补的特质。第一项比较弱，其他的替代性说法也不见得有多好。社会企业家先驱穆罕默德•尤努斯更喜欢另一个词“社会型商业”[1]，但不是所有的社会企业都是商业机构——有些是非营利机构。还有些说法，比如“混合价值企业”，其含义完全没有“社会企业”那么直观易懂；也有的叫“慈善资本主义”，读起来并不是那么顺口。

更重要的是，这也是第二种特质：“社会企业”这个词是有吸引力的。这个词在词义上并不占优势，但却领先于其他说法，对我们而言已经足够了。

希望“社会企业”能活得长长久久！

社会企业的定义

就像另一个相近的词“可持续性发展”，“社会企业”这个词正由于其不精确的说法而走红。大家都在用，却没人知道其准确含义。

即使专家，对社会企业的定义也没达成一致意见，更别说那些不是专家的人！这些人一直太过关心像以下问题一样的界限范围事情：

- 社会企业必须是非营利机构吗？或者说是非营利机构就符合资格？
- 社会企业必须采用营利政策吗？还是可以依靠补贴和捐赠就好？
- 社会企业是否可以隶属大型传统企业？换句话说，社会企业是否可以是内部创业而成？
- 社会性的承诺是否一定要纳入组织的正式文件？
- 社会企业家是否必须兼具创新意识和创业意识？如果是，要到达哪种程度？要采用什么样的方法？

对定义的辩论已经持续好多年了，可能永远也解决不了。这当中有很多合理的看法，但也戳到很多人的尊严。就这一点来说，值得问一问为什么我们必须有一个达成共识的定义。定义会改变行为吗？人们会把定义做成小折页卡片放到钱包里，随时拿出来参考吗？可能不会。有没有定义，情况都和现在差不多，不过有件事除外：一小群学术界人士需要找到新的耕耘之地。

我们不用花太多时间来烦恼这件事。无论讨论多么激烈，我们永远也不会对社会企业的法定含义达成共识。一方面，这里没有事实需要挖掘，只有意见，而有人的地方就不断有新的意见。另一方面，社会企业是一种生机勃勃的新生有机文化，是一种不受严格定义限制的如藤蔓一样的草根力量。长期在社会企业领域耕耘的权威人士杰德·爱默生（Jed Emerson），2001年在加州联邦俱乐部发表演讲时就暗示了这一点。

我认为，社会企业并无单一的定义。这就是一股清流，跨越不同形态、不同主题和不同表现……它涵盖的范围从社会企业到公民创新，从非营利型到营利型再到混合型，它还贯穿了各式各样的资本和股权结构……我觉得，如果把界限划得太精细，花太多时间去辩论有多少社会企业家能够在针尖上跳舞，其实是画地为牢。[2]

这并不是说定义就是没用的，而是说最好的定义无须顾虑像小字印刷一样的条款。可以支持这项运动的全面发展，永远不需要担心谁在上面写了什么。

有了这样的背景，来看看我们俩（艾伦和卡尔）对社会企业是怎样定义的。基于上述理由，我们特意定出虽然简单但却全面的定义，重点关注能量的问题，而不是如何码字的问题。我们的定义并没有墨守成规，实际上正好相反。

我们的定义聚焦在领袖型企业家创业抱负的动机上面。如果他们的首要目的是通过某些商业企业创造正面的社会变革——如果这就是每天清晨把他们从床上拽起来的原因，那他们就是社会企业家。如果不是，那他们就不是社会企业家。

这是对社会型创业的“内在”定义。检视一下自己的内心！如果是改变世界的激情驱动着你，你的风格就是创业型的，你是在利用商业企业创造社会影响，你就是社会企业家。世界上很多公司都在做善事，可能通过自己的核心活动直接做，也可能借助承担企业社会责任间接地做善事。企业社会责任诸如埃克森美孚（Exxon）和威讯（Verizon）等公司提供了这个世界需要的很多重要服务。但它们存在的理由并不是要打造一个更加美好的世界：它们是为了赚钱。它们关心环境、关注人权或其他事业的主要驱动力都是为了遵循法律，保护品牌和实现利润最大化。所以它们不是社会企业，社会企业存在的目的就是做善事。

这里要加一条附注。社会企业并不只是个人的热情行动。社会企业也是在特定的历史时刻浮现出来的社会现象。越来越多的社会企业家认为自己是当代社会运动的一分子，参与这场运动的人们都是实实在在做好事情的人，而不是只知道抱怨的人——就像一种为改变企业和改变世界而奉献自己力量的变革人士组成的联盟。任何合乎情理的定义，都应当承认社会企业的集体（有背景的）属性和个体（永久不变的）属性。

如果你从来没有听说过“社会企业家”这个词，而且你不认同粳稻格局的运动，你还是一个社会企业家吗？绝对没问题。很多进入社会企业这个圈子的信念型企业家也不熟悉这个词，但并不妨碍他们成为社会企业家。

所以我们对社会企业的定义分为两个部分：

社会企业是由一个人或多个人成立的组织，在这个组织中，驱动他们进行商业活动的主要力量是对可以带来经济上持续发展并具有积极意义社会变革的渴望，而且这些人会越来越认同（但不一定必然会）自己是发展中的社会运动的一分子。

既不要“左”也不要“右”

你可能没有发现这个问题，不过我们在定义中埋下了一堆棘手的问题。你可以从我们提到的积极社会变革中略窥一斑。有谁能给积极社会变革下个定义吗？积极社会变革由哪些元素构成完全是非常主观的判断，理性的人对此会有不同的看法。有的人提出看似合理却似是而非的观点，主张开采更多石油促进积极社会变革——因为可以创造更多就业机会，带来更大的繁荣景象。或者认为出售枪支给普通人家是件好事——因为可以减少犯罪，也维护了美国宪法第二修正案中公民持枪的权利！然而这些活动与社会企业都没有什么直接的关系。

这后面是有历史原因的。社会企业是一种第二代现象，是紧跟在“社会责任企业”运动之后出现的。类似贝恩杰瑞冰激凌店（Ben & Jerry’s）[①]、美体小铺（the Body Shop）之类的公司开始证明，你可以成功经营企业，同时还可以坚守比一般企业更高的道德伦理标准。这些企业背后出现的心智模式在于，他们认为传统的企业即便不是彻底邪恶的，在道德上也是值得怀疑的。他们自豪地在政治上采取革新的态度，对待企业采取修正的态度。

随着人们开始面对事实，认识到当前构建的组织形式是获得积极社会变革的绊脚石之后，“社会企业”一词随即变得流行起来。社会企业是企业中的增值版本。要获得成功，你得是“升级版的贝恩杰瑞冰激凌”。

① 不是所有在政治立场上积极的企业都是进步的企业。曾经有段时间，现在已经倒闭的冰激凌公司——星条旗冰激凌公司（Star Spangled Cream）为保守派人士提供表达爱国情怀的机会来跟贝恩杰瑞冰激凌互怼。他们给自己不同口味的冰激凌取的名字包括诸如“小规模政府薄荷味”“恫吓巧克力味”“疯狂环保主义坚果味”以及“我恨法兰西香草冰激凌”等等。他们把百分之十的利润捐给支持美军的组织。我们不知道他家冰激凌的味道如何，不过他们倒的确很幽默。

人们认为社会企业这个“苹果”与社会责任企业这个“苹果树”之间的关系不会太远，这完全可以理解，但并没有切中问题的重点。虽然确认还有很多“左”倾的社会企业，但你不一定需要激进的政治立场才能成为社会企业家。2009年，德州浸会新闻通讯《浸会标准报》刊出了一篇文章，标题为“基督教社会企业家以不同的标尺来衡量成功”。这篇文章报道了一位在香港的浸信会教徒谢礼贤（Sam Say）的故事。

> 对（谢礼贤）而言，创办一家社会企业的出发点是要去问如何“掌握俗世资源解决俗世事务”。对他而言，这个答案很简单。基督徒买咖啡。他的计划主要是找到办法，让这些基督徒在购买他们早就打算买的产品时，可以从他的故国老挝的贫穷人家那里购买，以便改善他们的生活条件……不到两年的时间，他创办了波罗芬农场（Bolaven Farms），这是一座有机咖啡种植园，向美国的教会和一般消费者推销他们的产品……谢礼贤解释说，波罗芬农场是“一家营利型企业，背负着行事公正、友爱、仁慈、并谦卑地与上帝同行的使命”。[3]

美国国土安全部应用科学基金会（ASFHS）[4]是另一类社会企业，与贝恩杰瑞冰激凌的做法截然不同。根据其网站的说法，美国税法第501条C项第3款规定下的非营利组织，国土安全应用科学基金会的使命就是协助保护美国人免受人为灾害和自然灾害的伤害，具体方法如下：

1.集中公共部门、民间部门和学术界的力量，开发具有弹性且可持续发展的国土安全产品和服务并实现其商业化；

2.为政府部门提供先进的指挥控制中心；

3.为一线应变人员和其他国土安全最终用户提供最新培训和体验方案。

国土安全应用科学基金会完成使命的重点工作是“加快技术转移，将其纳入终端用户为导向的产品和系统，以便支援一线反应人员和其他国土安全工作人员”。该基金会通过创新创业战略来实现承诺，例如“在莫瑞利国家安全中心创建诸如生活实验室环境之类”……借此机会，政府与民间可以实现前所未有的合作。其结果就是能够以更有效的方式，开发国土安全最终使用者需要且能负担得起的产品与服务，并实现其商业化。

是哪些元素让国土安全应用科学基金会可以成为一家社会企业呢？答案很简单：这是一家由一个人或多个人构成的组织，带动其商业活动的主要推动力是创造积极的社会变革——所以，根据我们的定义，这是一家社会企业。

如果你认为这样不太妥，我们也可能提供以下的解释：在幻想社会企业的原型之时，我们想象中的企业家一般心中充满对人类的热爱，就像希腊人所说的“神祇无条件的爱”（agape）那样。他会治愈病患，喂饱饥者！这可不是国土安全应用科学基金会的力量所能到达之处。这是一个勇士的组织——保护自己的群组——勇士们必须收起感性的心。当你自己和兄弟们的生命岌岌可危的时候，你绝不能只是哭泣，只会忧愁。

但是国土安全应用科学基金会绝对符合社会企业的资格。它具有企业性质，且受到产生积极社会变革这一愿望的驱动。社会企业的队伍里欢迎巴顿将军和特蕾莎修女一样的人物。

社会企业欢迎所有族群，不分种族、信仰、肤色、原型，非常包容。即使它有历史包袱，但却与政治无关，这是件好事。积极变化既不是来自左派，也不是来自右派，而是来自那些想做好事，有良知的人。

这样的人越多越好。

主题的变化类型

就像我们看到的，社会企业的一般性目的是打造一个更加健全、更加幸福、更加理性的社会。这个世界充满痛苦，你要承担的基本使命无限大，这也是社会企业被认为是充满无限机遇领域的原因之一。社会企业家通常会从三个方面入手。第一，他们尝试进入尚未获得充分服务的市场。世界上大约三分之二的人口每天只赚4美元或更少，他们基本处于被消费经济拒之门外的状态。但这些人集中起来也会构成巨大的市场。我们来算算，大约50亿人乘以每人4美元，再乘以一年365天，哇，等于7.3兆美元！这还只是其中一点。真正重要的是，这些人所急需的服务，对于那些处于金字塔更高端的人士而言，都是原本理所当然应该有的服务。我们有很多方法可以接触到这个群体的人。

这个领域的社会企业也有一个例子，就是目前还处于早期阶段的照明助手公司（Lumin AID）。这家公司研发出一种太阳能照明灯，其产生的光线品质可以媲美提灯。这种太阳能照明灯可以提供五小时的照明，日晒六个小时后就能完全充电。该公司的太阳能照明灯的其中主要一个应用功能，是取代煤油灯。根据照明助手公司网站说明，“全世界每六个人中就有一个人无法使用稳定的电力”。很多人必须依靠危险且有毒性的煤油灯作为主要光源，而且他们百分之三十的收入都得花在这种煤油灯上面。随着小型太阳能科技越来越进步，没理由不让这些个人和家庭使用上更加安全、更便宜和更可靠的光源。照明助手公司的太阳能光源就是比煤油灯更便宜、更安全的替代产品。[5]

其次，社会企业家会找到市场本身失效的地方，并解决问题。这会涉及以下两种做法。第一种方式是去中心化，也就是跳过中介。沃比·帕克（Warby Parker）[6]创建的社会企业总部位于纽约，他把设计师打造的眼镜框直接卖给消费者。这家公司的成本结构是，公司每出售一副眼镜，就会免费赠一副眼镜给需要的人。

第二种方式是成为情报中介——直接进入，扮演连接/网络交流的角色，促成积极的社会变革。南非社会投资交易所（SASIX）就是其中一例。这是南非第一家线上社会型股票交易所，或者更准确来说，是一家捐赠品交易所。它鼓励那些能创造出可衡量的社会价值的组织获得捐助。根据南非社会投资交易所网站的说法，这类捐赠被称为“社会投资”，是因为“他们不提供投资回报，他们这么做是为了带来真实的，可以衡量的社会变革”。[7]一般来说，南非社会投资交易所让希望支持社会企业的人们可以更加轻松地做到这一点。交易所会事先验证社会企业的资格，让潜在的捐赠者不用自己做尽职调查，可以一步到位提供捐赠。这实际就是交易所的业务：交易所产生营收，并将净营业额重新再投入支持未来可以带来社会影响的企业，而不是为投资人产生财务回报。

最后，社会企业家可以修补已毁坏的体系。例如美国医疗保健体系，这套体系问题多多，政府法规已无法解决。比如大多数医生平均花费五分钟看一位患者，这说明医生只是流水线一般运作，不能充满同理心一般对待病患。因为医生以那么快的速度循环看了一个病人又一个病人，有时候会错过一些重要信息，而这些信息正是造成正确诊断还是误诊的差别。

内科医师兼社会企业家汤姆·李（Tom Lee）[8]建立了全一医疗集团（One Medical Group），将患者关怀重新带回医疗保健体系。他的目标远大，为每一位美国人提供平价、优质和具有人性化的医疗保健服务，绝对不会比这个标准低。他的公司目前在旧金山、纽约、芝加哥和华盛顿特区都有办公室，其特色是可以当天预约，无须等候，而且每位医疗服务人员会为患者付出足够的诊断时间。这种办法的重点在于预防医学和东西方医学疗法都接受的，可以说是集成式的方法。他们也大量使用互联网，可以在线获得患者病历记录，并通过电子邮件更新处方。收费结构非常合理。没有保险的患者，只需要支付149美元的年费，再加上初次问诊费150美元，以后每次门诊预约100美元。

估计当你知道患者对此反响热烈也不会觉得惊讶。李医生说：“人们以前习惯了生产线模式的看病，所以我们几乎没遇到什么阻碍。”“不过他们都很吃惊——我们获得的反应经常是‘不可能有这么好的事儿吧’。”“我们希望将人性、人与人之间的关心带回医疗保健体系。”

李医生自己也承认，这种方法居然能获利，看起来很违反人的直觉。他说：“我创办全一医疗集团之前花了很多时间深入研究医疗体系的投入产出比”，“从宏观上来说，这个系统的效率显然很差，组织内部和交易层面都是。我们的营业模式借助技术，舍弃纸质管理，消除失灵失效的地方，降低行政劳动力成本，使其只有传统医院的三分之一。我们把这些原本浪费的钱省下来，投入患者体验方面。”

这种商业模式的规模可以扩大，城市和乡村所有收入阶层的广大人群都适用。李医生努力打造一种鼓励当地联系和创新的企业文化与所有权模式。他说，“大公司倾向于标准化、同质化，并忽略当地环境”，“我们渴望扩大规模，因为需要我们服务的人很多，但同时我们不想变成大公司一样，也不想忽略环境”。

有了全一医疗集团，李医生利用系统中失效失灵的地方打造一个可以说是更好的医疗罗网。他的方法就是通过减法来做加法，其成果就是，这份事业不仅可以大幅度提升医疗服务质量，还能绕开政治旋涡。

社会企业的种类

人们期望在如藤蔓般迅速发展的社会企业中找到很多组织形态的排列组合，事实上的确如此。如果二分法之父卡尔·林奈还活着，他可能利用以下的标准来划分社会企业的种类：资金水平、组织形态、业务熟练度和生命周期状态。

资金水平

占领华尔街运动（Occupy Wall Street）的抗议人士提醒我们，全球经济发展水平的有无之间有一条很清晰的分界线。在社会企业这个小得多的世界里，理念正确而资金不足者（我们称之为饥饿的一群人）和本意善良且资金充足的一群人（我们称其为稳健的一群人）之间也有明显的区分。

不用说，如果你属于稳健一派，成功的概率比较高。获得资本一直是一种挑战——尤其是当信用紧缩时更是如此。如果你是一个除了梦想身无长物的社会企业家，则情况就更加艰难。而且，我们绝不能犯错，在社会企业这场博弈之中，没有什么比获得资本更为重要。理由很简单也很老套：金钱就是力量。有才华的员工和顾问都有个烦人的习惯，他们希望别人付钱购买他们的时间，而不是用亲吻来替代。“R&D”的意思是研发，其中“D”指代的虽然不是“金钱（Dollars）”，但这样也说得过去。资本就是吸引力：资本赋予人地位，马上带来尊重并引人注意。人们常说有钱人高处不胜寒，但底层没钱的那则是寒上加寒。

当然，一个人也可以靠小钱成功。不是所有的企业都需要百万美元以上的启动资金。例如，只要25 000美元，就可以在市场上开一家有吸引力的移动应用公司。就像我们在第五章要看到的那样，饥饿的那群人也有很多削减成本的策略，其中很多人，也是营收共享合作伙伴中的佼佼者。同样，饥饿一族中很少有人不渴望成为稳健一族：只有在这里，策略才会符合社会上升发展的要求。

组织形态

社会企业家有多种组织形态可供其选择。组织形态大致可以分为四种类型，其中前两种是从法律方面分类的：成熟的组织形式、根据近期法规新成立的组织、契约式混合型组织和认证方案。

主要分为两大类，即营利组织和非营利组织。非营利组织有两大主要优势：它们可以接受能抵扣所得税的捐赠，它们也可以免税（除非它们经营与其主业无关的业务，这类业务的利润是需要交税的）。但非营利组织在报酬方面也有限制：它们的运营目的不是为了让个人富有，它们没有股份，不属于任何人“拥有”（利润必须留在非营利组织内）。

反之，营利组织可以发行股份，募集股本，也可以用薪酬奖励员工，而如果非营利组织发放这样的薪酬有可能让人觉得过分了些。但是它们不能接受可抵扣所得税的捐赠（知识不能直接接受，也很难获得间接的捐赠），而且其董事还有信托责任，要为股东追求最大利润。因此，如果企业的社会使命拉低所有权人的投资回报率，会将他们置于法律风险之中。

多数社会企业使用三种现有营利性法律实体中的一种：股份有限公司（C Corporation），小型股份公司（S Corporation）和有限责任公司（Limited Liability Company，或简称LLC）。这三种形态都可以让所有权人免除个人法律责任。其差别主要在于股东如何纳税：

- 股份有限公司：公司的利润要课税，在把这些利润以股利的方式分配给所有权人的时候，股利要再根据该所有权人适用的投资利得税课税，投资利得税的税率比一般所得税要低。

- 小型股份公司：利润无须根据企业所得税进行课税。营业所得和费用成本都由所有权人分摊。因此，所有权人在缴纳个税的时候被课一次税，而非两次。但是，要符合小型股份公司的资格还有些特殊的要求。这类公司的股东一般不能超过100个，全部所有权人必须是美国公民或长期居留者，公司来自租金或投资等消极营业活动的收入，不得超过其整体收入的25%，且该公司只能发行一种类别的股票。

- 有限责任公司：跟股份公司和小型股份公司一样，这类公司会保护其所有权人（也称为股东）免于承担个人责任。与小型股份公司一样，利润会转嫁给所有权人，变成一般性收入。但从经济权和公司治理而言，有限责任公司比小型股份公司更加灵活，任何人都可以成为所有权人，包括其他有限责任公司、法人组织或海外公民。股东会同意以不等于所有权比例的方式来分割投票权与利润。

请参见书末附录A的表格，当中详细比较了非营利机构、股份有限公司、小型股份公司与有限责任公司等形态。

近期法规新创的组织形态。近年来，立法者提供了很多法规上的组织形态选项，用意就是降低或消除营利型企业承担使命与赚取利润之间的紧张情况。美国有几个州已认可了“低利润有限责任公司”（即L3C）具有特定的法律地位，其他一些州也正在考量当中。这类公司的宗旨，是要经营“低利润”的营业活动，进一步推动慈善目标。这类公司不可以创造营收为主要目标，也不可以参与游说或政治活动。低利润有限责任公司最初的设计是要成为一种特殊目的工具，协助私人基金会用更简单的方法进行与慈善方案有关的投资。不过，实际上很少有低利润有限责任公司会去做与慈善方案有关的事情。大部分这类公司都是经营类似一般有限责任公司的业务，以此募集资金，他们只是利用低利润有限责任公司这个名号当品牌，在市场上与其他公司区别开来。除了进行与慈善方案相关的投资和市场营销以外，当非营利机构想进一步把慈善目标责任纳入组织文件之时，非营利型机构全资拥有的子公司（更多探讨参见第四章）也适合采用低利润有限责任公司的形态。整体而言，多数从业者都同意，低利润有限责任公司通常弊大于利。因此，在社会企业这个圈子里，低利润有限责任公司被认为是比较不讨好的角色。我们预计，未来几年这类形态也不会扮演更重要的角色。[①]

共益公司[②]公开承诺要达成一个或多个公益目的，在写作本书时，一共有11个州认可其拥有特殊法律地位。这类公司必须在组织章程中详细说明，创办公司是为了达成一般或具体的共益目的，而且必须通过独立第三方标准的判断。这类公司还必须撰写年报，说明过去一年为了实现其社会使命完成了哪些事情。如果使用这种公司形态，其董事同样看重使命和利润，因此，如果他们做出的商业决策可以进一步推动使命但是会损害利润，也会受到保护。

更准确地说，与传统型法律形态相比，共益公司受到的保护更多。传统认为，虽说非共益型企业的董事做决策时并未将股东利益放在第一位便不受法律保护，但一般认为，实际上情况更加复杂。利害人关系条款及商业判断标准能让董事拥有不小的弹性。

共益公司这个主题在美国少数几个州有不同的情况。加州有“弹性目的”公司，可以将社会使命写入正式文件。如果是这种情况，当公司为达成社会使命而损害获利能力时，董事可获得保护，不需要承担责任。华盛顿州最近通过一条法律，承认“社会目的”公司内容大致一样。我们期望未来几年有更多形式出现。时间会证明会不会有一种特定的形式起到主导作用。

---

① 不允许优先股，但可能是具有表决权和不具有表决权的普通股。

② 这种情况引起的担忧是，如果是共益企业，法官在解释传统公司法时会更加严格，因此会降低董事在照顾不持股股东的利益时的灵活性。

契约式混合形态。契约式混合形态的前提是，无论营利与否，没有哪个单一组织可以靠自己的力量完成社会企业需要完成的任务。相反，契约型混合形态利用一系列契约与协议，结合一家或多家独立企业与非营利组织构成弹性结构，让他们从事单一法律实体无法从事的大量业务并创造综合效益。这两家（或多家）实体，通常是一家非营利机构与一家营利机构，它们一般会组成一个各有其法定目的的混合实体，每一方各自负责遵循规范其行为的法规；不过，如果组织架构设计得妥当，这两个在法律上完全不同的实体，实际可以像单一实体一般行事，至少从运营层面来看可以如此。通过分享资源，包括人员、知识产权和其他资产，它们可以密切合作与协调，每一方各自推动资深的目的与利益。但特别要注意的是正式架构上依然要分清楚。

认证方案。社会企业家也可以选择独立投入某些负责社会责任的行动，不用接受任何法规上的限制。成为所谓的股份有限公司，就可以获得这样的地位。这种说法有一点误导，因为这种机构并非特定的股份公司，而是通过“股份公司认证”的公司。股份公司是一种品牌，是由本身为非营利组织的股份公司实验室（又称B型实验室）认证的机构。要获得认证成为股份有限公司，该企业的所有人和经理人必须自愿回答许多严谨的问题并接受测试，以便衡量他们是否能够坚守社会价值并符合社会责任、环保责任等经营方法。股份公司实验室会公开测试结果，消费者可以借此了解这些公司持有哪种信念，以及他们如何将社会责任融入实践当中。实验室把股份公司当作一个群体进行推广，这类公司在营销上有优势，也能为他们提供更多诱因，合理把社会使命当成企业策略。

业务复杂度

一首在20世纪80年代非常红的流行歌曲《恐惧之泪》（Tears for Fears），歌名叫《每个人都想统治世界》（Everybody wants to rule the world）。的确如此，但很多人也想拯救世界，尤其是理想主义，还没有被放在人生经验的祭坛上作为献祭品的年轻人。实际上来说，这表示社会企业一般会吸引来大量没有太多丰富商业经验的人。他们急需指导，也需要金钱支持。

当然，社会企业也能吸引很多具备敏锐商业眼光的人。虽然有些经验丰富的企业家也像那群饥渴的人一样，但这些人多半也是在稳健的那一派。

如果说有一个领域全面缺乏经验，那就是社会企业了，它们和企业或创业的本质大不一样。在每个领域，最佳做法都是长期积累才会出现，但显然到目前为止，时间都不够长，无法积累到足够让社会企业完全成熟的共同智慧。就算是最老练的企业家，当他们靠着经验去学习混合型组织形态能成为股份公司的优缺点，也需要很长时间。

生命周期状态

不是每个社会企业都是初创企业或处于初期阶段。现有的非营利组织有时候在较晚的时期才向社会企业方向发展，采用赚钱的策略。卡拉计划（Cara Program）[①][9]便是其中一位“改造者”。这个组织成立于1991年，为芝加哥地区无家可归者和穷人

① 英国有类似的品牌：社会企业标识。

提供生活技能与职业训练、安置与收容服务。

14年来，卡拉计划一直遵循传统的非营利方式，通过捐助与捐赠获得资金。2005年，这个组织在其使命基础上扩大运营，创办了一家名为Cleanslate的社会企业，为具有就业障碍的对象，例如有犯罪记录者提供就业训练和就业机会。2010年，Cleanslate公司为芝加哥14个社区提供清除垃圾、园艺造景、铲雪、特殊活动与物业保全等的服务，为220人提供了过渡性工作，营业额超过200万美元。

不同类别的社会企业

饥饿的一群：资金不足，经常面对艰难的困境。

稳健的一群：资金充足，背后还有支持。

改造者：发现自己需要学习新（社会）企业技能的现有企业。

社会企业也可以诞生于大型企业内部，如果是这种情况，比较好的说法是社会型内部创业企业。有个非常出名的案例，安联集团（Allianz Group）投入了1670万美元[10]，为印度、印尼乃至非洲和拉丁美洲生活在收入金字塔塔底的穷人制订了一个微保险方案。到2010年底，该公司承保了380万份这类人寿、财产与医疗保险。另一个例子是沃达丰（Vodaphone），世界最大的移动通信公司，带头开发移动支付方案（M-PESA）[11]，利用手机为肯尼亚、坦桑尼亚、南非和阿富汗那些地方没法获得贷款的人提供手机银行贷款技术。M-PESA计划大获成功，肯尼亚有1000万人使用这类服务，相比之下，只有400万人有银行账户。

这主要是因为这类企业的挑战和社会企业家要面对的大不相同。首先也是最重要的，社会型内部创业家必须让高层主管接受他们的想法，但这些高层可能并没有半点社会企业的血液。这是其独特的奥妙之处，也是非常重要的一点。但这只适用于社会型内部创业家。[12]

社会型内部创业极具潜力，能为这个世界带来极大的好处，原因之一正是金钱就是力量，而大公司有很多钱：如果拿企业的营业额与国家的国内生产总值当比较标准，则全球规模最大的经济体中有一半是企业。但这就好像是社会企业中的澳大利亚，一块独立的土地，有自己特有的动植物品种。不过这并不是本书要讨论的重点。

第三章
世界观之战

阿尔伯特·爱因斯坦：

“要打破心智模式，比分离原子还难。”

现在，让我们把注意力转向整体文化趋势脉络下的社会企业。首先，咱们来一段警示语：这是我们得出的一般性结论。个体差异则千差万别。有些社会企业家并不认同本章得出的观察。有的人则觉得找到共鸣。

人们认识到可以采用强大的、伦理上无法反抗的方法抵制压迫，反殖民主义和反民权运动便随之风生水起。当人们意识到工业文化正对地球的自然体系带来浩劫，环保运动则应运而生。和之前其他运动一样，当新的心智模式出现，社会企业随之诞生：这是新兴价值体系的产物——如果你愿意，也可以说这是爱的结晶。

由于一般人是透过组织形态来看待社会企业，把其当作营利构架与非营利构架的结合，所以有倾向认为这是相对表面的结构重组。不过事实并非如此。社会企业不仅仅是组织各部分拼凑而成的机构，社会企业是一种深度转型，一种根本的转变。从全球范围来看，我们处在各种心智模式大规模冲突之中，追根索底，这是昨日世界观与未来世界观的对立。若你还没有真正感受到这种冲突，可能是因为媒体对此关注很少。媒体上充斥着各种个别事件，喧嚣吵闹，愤愤不平，却对更高层次的趋势视而不见，尤其是那些抽象，难以前瞻的趋势。不过，这场战争已经打响，在我们认为的“有前瞻性的”阵营之中，社会企业则是军火库里面非常重要的新型武器。

这场战争涵盖两大领域：边界与危险。我们心里认定的边界比分割国家的边界更多变，更主观。当我们揣测谁和我们一派的时候，边界指哪些是我们认同的人——事实上，我们的认同是多元化的。为“我”设置边界的是我的肌肤——其他所有人都是

“另一边”。家人是另外的“我们”——是我要供养的群族。然后，是我所在的社区、我的国家、我的族人，凡此种种，一直延伸到我们作为地球公民这个共同身份。

只有到最后一个边界才会出现问题。如果所有人都是同一边的，那另一边就没有人了，就不需要边界：我们都在同一阵营。

看起来是好事，真像是促进世界和平的妙方，直至你的心智模式需要一个敌人，在这种情况下，你的心智会反抗那个没有“另一边”的世界。遗憾的是，那些世界观为“我们对抗他们”模式的族群，情况则正是如此。

站在历史的角度看来，这种态度合情合理。在资源稀缺的环境下，我必须为“我”和“我的”而奋战，这合情合理。

但具体有什么不同要视情况而定。也许这是我为自己而战，或者是为了我的家人，我的种族、我的宗教信仰或我的国家而战。不管边界在何处，以这种为了定义模糊的“我们”而杀红了眼的态度来说，几乎没有什么空间能容纳来自另一边的他人。没有“别人”，就没有“我们”。对我而言，倘若我要知道我是谁，我要做什么，我就需要一个敌人，一个坏蛋，一个我需要战胜的人。

前瞻性的世界观则边界较广，穿透力更强。因为它是在地球这颗小小的蓝色星球空间里具有标志意义的，可以改变文化的图像广泛传播之后出现的，其视角绝不狭隘，相当全球化。这种世界观的追随者的共同想法是，在这艘脆弱的地球太空船上，我们要么一起胜利，要么全盘皆输。这种新型心智模式深信我们皆有人性，认为“我们对抗他们”的族群式世界观是一种跟不上时代、自行塑造，最终只能自我毁灭的幻象。前瞻性的世界观是包容的世界观，认为除了“我们对抗他们”的情况以外还有很多事情值得去做。

接下来我们谈谈危险：这是人们的基本假设，假定在一定情况下，世界是黑暗阴险的地方。如果每个角落都有敌人想消灭你，你当然会竖起高墙，高筑边界。你肯定需要拉帮结派，确保自身的生存，必要的话，确保别让你的敌人活下去。于是你陷入恶性循环：你假定的威胁越大，你所需的边界要筑得越高；你的边界越高，你则可能越被迫用脚稳稳踩住敌人的咽喉。

不过，反之亦然。所以，认识到危险会导致危险也无须惊讶。很多本质上正直善良的人选择立起更加高耸，难以拆除的边界，采取相对带有敌意和攻击性的行为，因为他们觉得别无选择。他们打从喝奶起就接受了这个观点，认为这个世间便是如此，如果忽略这点就得自认倒霉。

但这个世界并非完全如此。假设有一小群人（例如社会企业家）认同更仁慈、更温柔，更加感性的世界观，求同存异，以合作代替竞争，以社群代替征服，自然就不同了。

旧世界观的粉丝认为敌人“在那边”，在另外一边。接受新兴世界观的人，则比较偏向于波哥（Pogo）这一阵营：“我们已经遇到了敌人，敌人就是我们自己。”当报纸提出“世界到底怎么了”这个问题之时，他们也会对作家吉尔伯特•基思•切斯特顿（G. K. Chesterton）说过的话产生共鸣。据说，他写了以下这封短信回复：“敬启者，我就是，此致，吉尔伯特•基思•切斯特顿。”

一个多世纪以来，那些我们在后面称为“危险型世界观”的人，他们使用了达尔文的进化论来支持他们的主张，或更准确地说，是他们自己的演化论版本。社会达尔文主义力图将生物学的概念运用到社会学和政治学上面。根据阿尔弗雷德•丁尼生爵士的说法，这种主张的出发点是：自然是“獠牙和利爪，充满血腥的竞争”；因此而展开的论据，支持自由放任资本主的嗜血竞争，并认为这是不可避免的、“自然而然”的事情。从这个角度来看，上帝本身就是要给这个世界大量的不公正和不平等。跪下来向敛财大亨们恳求吧。

但这是对达尔文的误解。在达尔文第二重要的著作《人类的起源》一书中，他用了大量篇幅描述动物之间出现的爱与利他行为。他提到，很多动物相互服务，而且以利他主义为出发点彼此合作的群体，通常会胜过那些不这么做的群体。尽管他的主要焦点还是竞争，但他提出的是很微妙的观点，为合作留下大量可行的空间。

巧的是，社会达尔文主义者也错读了生物学。现代生物学家越来越认同，物种和实际上整个生态系统的互动既有合作也有竞争——实际上，合作是演化成功的关键。用演化生物学家伊莉莎白·萨图里斯（Elisabet Sahtouris）的话来说：“我们一次又一次贴近自然的观察显示出一个顺序，从开始的激烈竞争，到之后发现，竞争对手之间和平交易、分享、彼此喂食，为对手提供住所，甚至帮助他们繁衍后代，同时共同利用资源，让共有的环境变得更加丰富，对所有族群来说，这都是最有效率和效果且能繁荣兴盛的生存之道。”[13]

支持新兴世界观点的人对社会达尔文主义者没有多少耐心（当然，还是会表现出一种“我听你说呢”这种容忍）。偏爱拉低边界与降低侵略欣慰的天性演变为一种心智模式，取代不是你死就是我亡的态度，用另一种让竞争与合作大致上拥有合作空间的态度代替。爱心、同理心、同情心与利他主义，所有这些看起来都有其演化价值。

尽管抗拒改变的死硬分子坚决不从，但全球商业文化依然缓慢而坚定地朝着进步的世界观靠拢。我们可以在利害人关系的演变中找到明显的证据。顾名思义，“利害关系人”是指与特定公司有关系的人。几十年来，包括20世纪的绝大部分时间，这个词仅限于指代一类人——公司的所有权人。诺贝尔经济学奖获得者米尔顿•弗里德曼（Milton Friedam）的观点认为：公司存在的目的，就是为了股东服务，完毕。最近几十年，这种态度已经慢慢在转变。就算是最传统的公司，现在也认同他们就算不用负担信托责任，也要考虑他们的行动是否会给其他利害关系人群体带来影响，例如客户、供应商、雇员和他们运营所在地的社群。虽然幅度不大，但这道大门还是打开了。

传统企业谨小慎微，如履薄冰，而社会企业却大胆前行。如果从广泛的运动去理解社会企业，其核心价值以三种截然不同的方式反映出新兴的世界观。首先，在其拥抱利害关系人族群时，其兼容并蓄，海纳百川。北极圈的北极熊，其脂肪组织里含有来自得克萨斯州的多氯联苯，希腊的经济动荡扰乱日本的经济，在这样一个世界里，毋庸置疑，本地事件也可以造成无远弗届的后果。从非常实际的角度来看，除了自然环境，每家企业现在都有七十多亿的利害关系人。“一个地球，一个问题。”虽然社会企业家不会有事没事将这句话挂在嘴边，但这确实是一道认知方面的过滤机制，很多人都会借此去考量他们的选择。

其次，社会企业家会把服务放在优先位置上，反映了像伊莉莎白·萨图里斯一类的“社会达尔文主义者”的信念，相信我们付出，则必有所得。

这当中有务实方面的问题，也有灵性的方面，如果你相信帮助别人能让你在业力轮回中累计福报的话。选择去服务，是一种反直觉的合理逻辑。无论如何，如果我们真的是一体的，那么我帮助了你，也就是帮助了自己。

最后要提，但又绝非不重要的一点是，社会企业的合作性极强，这不是“我们与他们的对抗”，反而像是“我为人人，人人为我”。所以，可以预见得到，这也是我们对“我们全在一起”这个观点的呼应。

可以确定的是，这种态度也越来越多地反映到其他领域里面。近年来，我们见证了很多由互联网带动的现象，例如众包、众筹、社交媒体等等，这些现象的特点都是具有边界容易穿透的平行的、均等化的组织构架，可以重新开启我们对社群与合作的理解。

就像早前所说，如果你用“社会企业”作为关键字在谷歌上查询，你会发现大量指向推特（Twitter）和脸书（Facebook）等企业的条目，有的也像本书主题所谈及的社会企业。有一个方法可以解决这种词条上的混乱。就像一般人理解的那样，被称为社会企业的新兴混合型组织之所以能冠以“社会”一词，因为其有社会性的目的。尽管如此，实际上社会一词有双重意义。自上而下的，热情型导向事业的当前互联网一代正是这种合作型、社群式精神的体现，而很多社会企业家也深受同类精神的激励。所以，“我们的”社会企业有两种社会性：他们有社会性目的，而且驱动他们的是来自社会的、社群的力量。这个世界有Web，同样，我们也可以有“社会企业2.0”。

还有另一个特质使得社会企业大大与众不同：我们称其为自我认知。人类是自我指向型的动物：我们行动，我们观察自己的行动，我们观察那个观察我们自己行动的自己，并以此类推无限循环下去。在某种意义上，我们宛如居住在一个被镜子环绕的大厅里。某种程度而言，一直都会是这个样子，当我们做一些新奇创新的时期时如此，当我们不仅为自己也为那些追随我们的道路前行的后来者依然如此。社会企业家不仅是实战者，他们也是偶像与导师。这是一份额外的责任，以新一代利害关系人的模式出现——任何可能受其选择和行为影响者，都是利害关系人。

不是只有社会企业家才是偶像与导师，我们大家一直都是：这是我们大家都不能逃避的角色。当某家公司虐待员工，糟蹋环境，他们的行为其实就是在说：这种行为是可以接受的。尽管大多数高管在良心上并不认同，然而他们却默认了那样的行为。当这种行为变成习惯，并演变为文化上的惯例，就无法激活人们的偶像模式与导师模式。然而，当你试图采取与众不同的方法把事情做得更好——当你自行坚守更高的道德标准，并在大幅度拉低边界的情形下如此行事之时，你就可以更加敏锐地觉察到你正在传递的道德信息。

把这些整理到一块儿，你就会发现：

• 对于广泛的利害关系人生出一份责任感。这些利害关系人的范畴包括我们小小地球上的所有人以及自然环境。这句话的意思并不是说每个决策都得去考虑墨西哥的技师或肯尼亚的厨师，而是要有一种对每个人而言都重要的理念，即我们不要只关心与企业有直接关系的人。这就是商界的蝴蝶效应。

- 怀有一种社群式的、包容性的态度，努力在那些受企业的行动影响之人或希望企业成功之人之间创造积极的热情与支持。

- 从“偶像与导师”的意识中产生出来的特定责任感，很多社会企业家都会把这种意识带到工作中来。

- 感受到自己正在参与一场广泛的、发展中的运动，这场运动是文化变革的先锋，伴随而来的是所有的责任——要成为善于激励人心的伙伴，能为团队打气加油等诸如此类的事情。

我们一再对自己说，不是每一个社会企业家都有这样的态度。当然也有例外，而且数量不少。不过我们所说的一般都是真实的。

从运营层面来说，有这么多利害关系人，决策过程就会变得越来越复杂。你要为之考虑的人太多了。你需要的不仅仅是双重愿景，即社会的责任和财务底线，这其实已经相当复杂了。你还得有三重愿景或四重愿景或甚至更多愿景。你必须关注所有利害关系人，纳入道德上和商业上合宜的决策当中。而且，除了这些，你还有“偶像与导师”的责任。要在社会良知方面成为黑带高手不是件容易的事情。

从这个意义上来说，社会企业与传统企业是一种根本不同的事业，完全是一门不同的艺术。

你是哪一类社会企业家?

就像我们之前看到的，社会企业家有多种不同的风格。以下是一些不同的变种：

缺钱者/稳健者/改造者——你可能在财务上有缺口（缺钱者），你也许财务上很安全（稳健者），或者你是正在采用赚钱策略创造营收的非营利组织（改造者）。

保持进步的政治立场——你可能属于传统型冰激凌店阵营的一分子，换句话说，你毫不避讳自己的政治立场。支持占领华尔街运动！打倒华尔街！诸如支持。

以信念为基础——你可能是目标驱动型的，就像畅销书作家瑞克·沃伦（Rick Warren）所说的那样：激励你的是希望借由为人类服务而服侍上帝的渴望。

成为变革代表联盟中的一员——你可能将自己看作某种企业家群体的一员，这类企业家试图把资本主义转化为不可辩驳的为善力量。

全球公民——如果你沉浸在前瞻式心智模式之中，全球公民说的就是你。

本地思考，本地行事——也有可能你根本就不会进行全球化思考。有些社会企业家，激励他们的力量是要为土生土长的社区服务的激情。其他地方与他们无关。他们只关注特定的邻里，聚焦面较窄。

平等主义者——你设想的任务，可能包括承诺要比一般企业更加慷慨地分享财富。如果你致力于打造一种合作型所有权结构或推动员工持股计划，那么平等主义者说的就是你。

激进创新者——如果你倾向于检验社会企业的边界，你就属于这一类别。例如大多数社会企业家会区分“实际所有人”即持有实际股权者，与“所有人”即对于企业的成功有着情感上的利害关系或非股权式的财务利害关系人之间的不同。积极的创新者可能会选择给全部“所有人”送上企业的真实股权权益，其如此行事的原则是，区分这两种类型已经过时了，夸张而且没什么特别作用。

偶像与导师——你的选择和行动中有教育的因素，他们暗地里想向他人传递何为正确何为合宜的讯息？你对这些实事的认知到什么程度？

活下去——你可能因极其实用的理由受到社会企业的吸引——因为采用这种模式也许你才能活下去或活得欣欣向荣。许多改造者都属于这个范畴。这些类别都是既混合又匹配的：你可以身兼多种类别。

社会企业是否具有颠覆性

你是否认为社会企业具有颠覆性取决于你是否相信转型便等同于颠覆，而且答案取决于你所问的对象。对于米尔顿•弗里德曼而言，任何企业社会责任的概念都是颠覆性的。

如果认真看待社会责任这个信条，会把政治机制的范畴扩大到每一项人类活动上去。在哲学方面，社会责任与大多数明面上的集体主义信条并无区别。唯一的差异是，主张社会责任的人相信，可以不用通过集体主义的手段达成集体主义想达成的目标。

"社会责任"是自由社会里本质上具有颠覆性的信条。在这样的社会中，企业有且只有一种社会责任，那就是好好利用资源，投入旨在增加利润的营业活动之中。前提是要遵守游戏规则，不可欺瞒，不得欺骗，要在公开自由的竞争环境下行事。[14]

如果你是弗莱德曼阵营里的人，所有的社会企业在定义上都具备颠覆意义。这是入门毒品理论的变换形式：就像大多数人相信大麻会让你的毒瘾越来越大，最后变成可卡因上瘾，社会企业也是如此。如果你开始接受社会企业，那么好吧！接下来你就要信奉社会主义或共产主义了。

这样的观点虽然在某些地方仍有吸引力，但早已不合时宜，而且目前来说是一种荒谬的观点。社会企业家都是一群相信自由企业力量的虔诚信徒。如果不是这样，他们就会投身政府或成为慈善人士来驱动变革，而不是打造创业型企业。

如果米尔顿•弗里德曼的鬼魂从墓地里跑出来，而且如果我们有幸在酒吧里坐在他身边，我们会对他说："教授，我们有好消息带给你，也有坏消息带给你。好消息就是这场战役你赢了。坏消息是你输了这场战争：唯有利润重要这个概念已经完全不足为信了。实际上这个概念对我们的经济、我们的环境和生活质量都有害。社会企业这种新观点并没有带着我们走向信奉社会主义——也没有消失不见。我们朝着正向前进发展。现在，别再纠缠我们了，回到你的墓地去吧。"

尽管如此，从另外的意义来看，社会企业是具有颠覆意义的。正如我们之前所见，社会企业兴起于我们所谓的前瞻性心智模式。这种世界观具有深刻的变革意义，也极具颠覆性。把地球上的每个人都视为自己的兄弟姐妹，就像耶稣基督的传道一样具有革命意义。如果说耶稣的命运具有任何代表含义，则就是他的信息具有十足的颠覆性。

此外，无论是有意还是无意，每个社会企业家都向主流企业（以及非营利组织）的每个人间接传递了一种讯息：你可以用与众不同的方法去做事。你还有其他选择。半个多世纪以前，经济学家约瑟夫•熊彼特写过创造性毁灭力量的相关内容：当创新者引进的产品或服务导致现有典范转型之时，就启动了创造性毁灭的过程。由熊彼得学派的意义看来，任何创造性毁灭的事物，就定义而言都是具有颠覆性的，即旧的出局，新的进来。社会企业就是做这种事情的，尽管这只是次级效果。

如果我们花点时间来剖析“颠覆性”一词，我们会发现其有两重含义。我们可能把第一种称为“一般颠覆性”，产生的次级副作用就是熊彼得学派所说的创造性毁灭。另外一种叫“大型颠覆性”，指一个人特意去压制现有权力结构的各项元素。

要造成大的颠覆需要一个坏人：一个敌人。大多数无政治立场的社会企业家都不会走上这条路。事实上，他们完全可以避开敌人和政治。一方面，他们打算以我们之前所说的兼容并蓄、低边界的心智模式开展运营。另一方面，他们有凭有据地得出结论，在政治体系内要真正得出一个结论那是几乎不可能的，你必须绕过政治路线，才能真正与众不同。

2011年，专栏作家阿南德（Anand Giridharadas）在《纽约时报》社论版写下一篇文章，提到“很少有社会企业家会采用挑起争斗的方式”，以及“如果有很多人像社会企业家一样聪明、真诚和充满智慧，就算很多社会企业家都避免接触政治，那也没关系。但事实不尽如此。无论他们是为政府本身服务，还是从外部挑起争斗，政治都需要他们的活力和驱动力”。[15]

可能是这样吧，但社会企业的前提概念是，你不用把这个世界分成好人和坏人，也不用陷在官僚主义里面拔不出来就可以创造不同的局面。对很多社会企业家而言，政治充满了无端的冲突，很大机会可能要承担失望与挫败。反之，社会企业以宽容的，非对抗的形式出现：它是广袤的机会乐园，是永恒阳光普照之地，还有一块写着“欢迎光临”的地垫铺在面前迎接企业家们。至于政治，就像俗话说的那样，总是让人同床异梦，社会企业不接受任何这样的妥协。社会企业是，或者至少看起来是，一个值得奋斗的崇高事业，在这里，你不用曲意逢迎，你无须和不值得你尊重的人做交易，在这里，没有什么可以干预你内心的渴望，或阻碍你充满创造性的能量。

所以，无怪乎这就像飞蛾扑火，社会企业也吸引聪明的人投入耕耘。

如果这刚好又是具有颠覆意义的，那就这样吧。

过渡阶段

社会企业以惊人的速度建立了自己可靠且合法的活动领域。20年前，几乎没人听过这个说法。如今，社会企业却几乎成为主流。2011年9月那一期的《运动画刊》（*Sports Illustrated*）杂志刊登了一篇5300字左右的专题报道，讲述了如何以运动作为解决社会问题的一个渠道。[16]虽然文中一个字没提“社会企业”，但无损这篇文章的主题讲的就是社会企业。《运动画刊》的编辑们对文化脉搏的解读很到位：他们知道，这正是刊登这篇报道的好时机，不过“社会企业”这个特定的词还没有出现。不过也快了，但还没出现。

凭借自身的理想主义，社会企业几乎全是小企业模式，却已演变为全球性产业。据估计，2007年全球社会企业聘用的人数约4000万，另外还有2亿志愿者。[17]这还是6年前的数据；现在肯定不止这个数。在美国，大多数一流的商学院都开设与社会企业有关的课程或选修课。以古老的商业传统而言，这是对需求的直接回应。社会企业社团已成为哈佛商学院最大的社团之一，成员超过400人；而2007—2010年，申请进入“为美国而教”（Teach for America）这家大获成功的社会企业的MBA硕士的人数就增长了三倍。[18]

社会企业甚至找到自己的路，进入常常很难通过的政治权利通道走廊。正如我们所见，各州立法机构已打造了对社会企业有利的组织模式，速度之快让人大开眼界。奥巴马主政的白宫也张开双臂热烈欢迎社会企业，2009年，奥巴马政府成立了社会创新与公民参与办公室，其职责之一就是支持社会企业。

没有征兆显示社会企业的快速发展阶段会如昙花一现，稍纵即逝。五年后，社会企业家面对的游戏规则会跟现在大不一样。法律限制和财务限制会大幅松绑，对于什么是最佳做法，大家也会更为清晰。

这一点值得坚持：在这个迅速衰退的世界里，社会企业正在旗开得胜。

第二部分

关键三要素：理念、资金和人才

SECTION TWO

Key IMP-gredients

第四章
心之所在，无问西东

罗伯特·索西：

“说地狱以善意铺成的，耍嘴皮子多过心存慈悲；善意在天堂也自有其位置。”

成为社会企业家就像做大厨一样。想技艺高超、充满艺术感，那绝不可能只靠菜谱。你必须了解你的材料，还能充满创意地使用它们。社会企业有三大要素：理念、金钱和人才。本部分中的每一章会重点介绍其中必需成分之一：

• 每一份事业均始于一个目标，一份企图心：我想变得富有；我想提供可负担的能源；我想既变得富有又能提供可负担的能源。每个企业家都想从此处开启旅程，到达遥远的彼岸。每一份事业的基因都自带这份目标。企图心即是方向。

• 一个人不可能仅凭意愿或一厢情愿就走向成功。你需要补给。如果步行，需要食物。如果开车，需要汽油。这就是资金的用途。资金就是能量。

• 一个人不可能独自成功。你需要咨询师，需要客户，需要队友（包括员工和顾问），需要出资人，需要供应商。社会企业是社会的企业。人，才能让一切变得可能。

理念、资金和人才，是所有企业家必备的三大基础要素。尽管如此，社会企业的理念一般与众不同。一部分原因在于他们同时拥有社会和财务方面的双重使命，光这一点就足以让决策流程变得更加复杂。此外，正如我们在上一章所看到的那样，相比传统企业家，社会企业家要向更广泛的利益相关方群体负责。

所以，要成为熟练的社会企业家，必须在两个截然不同的领域游刃有余。对于理念、资金和人相关的事情，你需要做出明智的决定。你也需要从各种复杂情况中理出头绪，之所以复杂，是因为社会企业肩负财务与社会双重任务，而社会企业家又自认为应当对更广泛的利害关系人网络负责，这样一来，情况就更加乱成一团。

社会企业很复杂，但值得投入额外的时间和精力，并不全是因为你知道自己正在努力让世界变得更加美好所带来的满足感。

理念的重要性

清晰的目标对于所有企业至关重要，对社会企业尤其如此。因为社会企业的理念是其品牌的核心。

传统企业存在的目的是为了赚钱。大部分企业都是。从沟通的角度来说，这个基本真理可以契合背景情况——无须阐述。苹果的品牌事关雅致、易用和创新。无须向任何人提醒其基本目标，其实就是赚取丰厚的利润。

对于社会企业而言，理念即身份认同，或至少是其身份认同的重要方面。我们服务于人。我们是为了树立一种更温和、更宽容的资本主义形态。在某种程度上，若将这些理念从品牌中剥离，那你只留下了一个传统企业，而且有可能您手上只有一群幻灭的支持者，只剩下声誉危机。人们会认为你没有信用。

社交网络沙发客（CouchSurfing），一家获得认证的B型公司，其会员将自己的家对旅行者开放。2007年，当他们从非营利身份向营利身份转变并从风险投资公司处募集到700多万美金之时，他们知道了这条难走的道路。[1]管理团队没有太多选择：美国国税局拒绝了他们501（c）（3）免税资格申请，否定了这家组织获得非营利身份的主要理由。尽管如此，并没有引起利益相关方的强烈抗议。沙发客少数敢于直言的社群成员拒绝变化的部分原因在于他们觉得自己有点被骗了，就开放源代码的精神而言，他们把时间和金钱贡献给了那时候的非营利组织；部分原因在于企业希望获得营利性身份，而看起来风险投资家的美金把它从对抗制度的人群这一类“替代性”的群体里拉出来，将其变成另一个没有灵魂的企业。

也许很残酷，但这也是背叛的下场。我们可以确保的是，管理层转变方向的动机是复杂的：无法获得美国税法第501（c）（3）款所指的免税地位，相信组织的共益企业身份可能足以证明其持续服务社区的决心，而需要资本促进企业的成长，可能一部分是资本主义的贪婪，至少投资人是这么认为的。以黑白分明的标准看待事物要简单得多：沙发冲浪网是我们中的一员；沙发冲浪网是他们的一部分。这样的推论也许有点卑鄙，但当组织形式转变时，的确会触发这样的反应。普通企业的正式文件一般比较低调，几乎看不见，而社会企业的组织形态是公开的，大家都可看见，也有影响力，这种情况已经深入品牌当中。

无论好坏，人们对于社会企业都比对于传统企业有更高的期望。其后果之一是，在你企业的整个生命周期里，很多人会来关心你如何确立你的理念，如何传达和保留你的理念。

我们来检验一下。

确立理念

让我们听从《爱丽丝梦游仙境》里面国王给大白兔的建议，并从头开始。在一切开始之前，你必须弄清楚自己的理念[1]

---

① 这一章我们没有单独探讨彰显理念的问题。当然每个企业存续下来做的事情就是要彰显自己的理念。因此，各大企业会借助自己的企业战略来彰显这种理念。

是什么。你可以流于表面，也可以更加深入透彻。从某个层面来讲，你的社会使命用一句话就可以概括：我们要为蒙罗维亚（Monrovia）的女性创造有尊严的工作。但人性是复杂的，你的理念也可能一样。因此，你可以考虑问问自己以下的问题：

• 你的理念是否帮忙促成把服务与利润结合起来的新型资本主义形式？

• 在为其他企业家树立道德行为模范方面，你有什么想法？

• 你愿意投入多少额外的时间和精力来拥有一支不同性别和多元化种族的职场员工？

• 你是否相信，你所有的员工，从首席执行官到工厂的小时工，都能从公司的股权受益？

• 你的抱负是希望做到多么石破天惊的创新，达到多么领先的地位？

这类问题会直指你的价值观和核心身份认同。每个人内心深处的某个地方都会感知自己是什么样的人，但一般都比较模糊且只可意会不可言传。检查这些直觉并进行解析，让你明白自己是谁，这是有价值的。毕竟在你能够与他们一起有效探索自己的理念之前，你自己必须清楚到底有哪些理念。你必须知道哪些理念是最重要的，哪些是次要的。你必须知道哪些理念是可以协商的，哪些是不能的。你要知道你的团队成员具备的共同价值观是什么。所有这些，你必须花一定时间来仔细考虑镜中的自我形象，而且不能随便找面镜子，必须是揭示出你的渴望、你的价值观和不可避免的深度与复杂性的灵魂之镜。

一旦你完成这件事，就要把焦点转向其他人。没有哪个社会企业是一座孤岛。你需要一个团队来打造一份事业——你需要合作伙伴、雇员、财务支持者等等。当这些关键的利害关系人群体与你的理念不一致的时候，你的企业不可避免会遭到伤害。由于大家忙着处理各种问题，宝贵的时间就浪费在内部事务上面，而如果一开始的沟通更顺畅的话，就不会有这些问题了。外部传递的信息也变得不可靠。如果最后发现你的团队并没有真正了解企业的核心理念，你很可能要面对不开心的投资人。

不过，步调一致的利害关系人并不是一蹴而就获得的，得费些精力才能得到。

如何才能步调一致，取决于你要接触的是哪一类利害关系人群体。我们先从创始人谈起，为方便讨论，我们定义的创始人是在早期大力参与规划和创办企业的人，以及那些有资格觉得企业就是他们的孩子，是他们心血结晶的人。社会企业可能只有一个创始人，也可能有好几个，或者是一整群人。无论人数多少，重要的是，大家都围绕在企业存在这个理由方面彼此达成一致。

作为惯例，最好是通过对话实现目的，而不是借助法律文件。实际上，达成清晰明确的共识是企业规划流程的关键目的。每个社会企业家最开始都怀有一个很棒的想法，例如我要为老城区的孩子们建一所牙科诊所；我想把屋顶变为都市农庄。接下来，他们需要为理念的骨架添加上血肉。他们需要编写可行性的商业计划，预估营收所得和成本、制订市场营销方案和销售策略，进行竞争分析，确定并评估其他商业风险，找出融资渠道。

你应该猜到了，商业规划流程的结果就是一份商业计划书。这是一份很重要的文件，理由有二。其一，因为这是你要交给潜在投资人的众多文件中的附件A。就算他们不会真的去读这份计划书，不过大多数人会读，要是没有这份文件，你的可信度就等于零了。其二，同样重要的理由是，可以让团队成员畅所欲言，全面思考，在理清商业模式以及为了成功必须做哪些事情才行的时候，尤其如此。我们通过痛苦方式学到教训，知道对话也不一定能产生共识，不一定能协调一致。尽管如此，当参与者为了达成一份共识文件而将参与对话之时，概率就会大幅度提高。

商业计划从来无法真的做完。商业计划都只是一些摘要，随着企业经营环境和战略的演化而不断更新。现实就是如此麻烦，需要投入大量心血，但这也是一种隐藏着的祝福，因为它们是达成持续共识和一致步调的引擎。

创始人不需要在每个问题上都全部达成一致意见。能达成当然好，然而这种情况几乎从未发生。例如就制造对环境友好的产品这个核心理念而言，你可能表示同意，但对于是在本地制造还是使用成本较低的海外劳工来制造这一点上就持不同意见。意见不一致不可避免，且最终也是良性的问题。正因为意见不一致，一个公司才有创意和活力。不过，对于企业的核心理念、价值观和身份认同，你还是需要保持一致意见。否则，彼此就会失去黏合力，甚至出现混乱的局面。

这些协议是否不写最好呢？把这种做法列入“可选择项目”。理念蕴藏在心间，而心思总在改变，所以并不需要多此一举。不过有些时候你也得把你的协议白纸黑字写下来，尤其是面对外部投资人之时。“刻在石头上”或“录入数位格式”的宣言，在热烈讨论企业策略或理念的时候，或许可以作为很好的提示：不过大致来说，这类文件通常会变成像那些沾满灰尘的古董一样，你知道把东西放在了某处，但却记不得说了些什么。企业是活生生的实体。说到底，任何协议都是实时存在的，并在利害关系人的社会脉络下不断更新。

如果你决定把企业的核心理念写入有法律约束力的文件里，股东协议是最可行的工具，或如果是一家有限责任公司的话，规定了企业所有人权利和义务的运营协议则是最好的选择。

社会企业家还需要与他们的投资人达成一致，这一群人可能与创始人重叠，也可能没有。这方面的主要营业风险是社会企业会选择少赚利润的经营之道，但投资人对此有意见，严重时还可能导致诉讼。确保不发生这类事情的最好办法就是，要从一开始就管理好大家的期望值。如果投资人知道你的企业因其社会使命不一定追求利润最大化，之后他们就不太会抱怨这项政策。

协议要写得多正式取决于你在跟哪种类型的投资人打交道。如果投资人是亲友，可能就不需要正式文件。这类人一般会投入一小笔资金，是因为他们关心你，而不是因为他们做好冷血的算计，期望获得更多利润。他们会控告你的概率可以说是少之又少。虽然清楚告诉他们你的企业是做什么的非常重要，但可能不用花太多时间和费用去编制正式的、有法律约束力的文件。但值得注意的是：美国证券交易委员会有很多细节规范，规定了公司向投资人募集资金的方式，如果你不想惹麻烦，就要遵守这些规定。特别是从“亲友处”筹款的减免税范畴相当窄。最重要的是，你必须与这些投资人有密切的私人关系：朋友的朋友就不能算在内。

往上再爬一级就是天使投资人，其适用的规范又有所不同。如果要找天使投资人，开口就要问几万或十几万美元，一般偏向于从一万美元到二十五万美元不等。这里使用的基本文件是私募配售备忘录或简称PPM，里面最核心的内容就是强大的商业计划书。私募备忘录是创始人说明企业核心理念的文件，包括他们是否会因为社会使命而降低对利润的追求。商业计划书是私募配售备忘录的主要信息来源，但其是另一份不同的文件。私募备忘录也要揭露实质性风险，并详细说明投资条件。这里适用的是美国证券交易委员会的规范。如果你不按要求进行披露，可能要承担证券欺诈的责任。从第一次对话开始，透明度就至关重要：你不想一路上丢给投资人一堆突如其来的意外打击，也不想误导任何人误解你正在做的事情，以及你怎样做事或者你的利害关系人可以有哪些合理的期望。

原则上，若要犯错，谨慎总好过粗心，与法律顾问一起编制好私募配售备忘录似乎总是最好的做法。如果你的金主中有超高净值人士，符合法律上较高级别的“合格投资人”字根，基本的私募备忘录就足够了。你也可以去接触非合格投资人，但我们不建议你如此行事，因为证券法的要求让情况变得更加负责且风险更高。原则上，就算法律允许，我们的法务也建议不要把合格投资人和非合格投资人混在一起。但事情总有例外，主要取决于参与者是哪些人，以及如何草拟私募备忘录。

如果你确实去找了非合格投资人，你可能得在私募备忘录中披露更多细节，并以更显著的风险条款警告潜在投资人。监管方合理地认为非合格投资人需要更多法律保障，理由有两个：因为他们没有多少资本可以拿去冒险，也因为从定义上来说，他们不像那些合格投资人一样经验老到。在针对合格投资人草拟私募备忘录之时，比面对非合格投资人的灵活性更高。面对后者，必须使用更加严谨详尽的格式。

这里也是最早出现使命/金钱之间的紧张关系的地方。完全以获利为目的的投资人，面对是否接受较低投资回报的前景时可能会退缩，他们会婉言拒绝参与或要求更优惠的条件。回过头来，这可能迫使创始人做出选择，是选择完成社会使命，还是选择筹集他们所需的资金。这是社会企业家需要再三面对的挑战。

另一种常见的情况是投资人与顾问之间的紧张关系。有时候，投资人愿意因社会使命而接受较低的投资回报。而投资人的专业顾问则另有想法。由于社会企业是一种新兴组织，许多主流投资顾问既不了解也不看重。至少我们知道一个实例就是投资人为了完成交易，不得不把律师给炒掉。社会企业家另一条可能的融资渠道就是风投。不过这绝不是理想的一条路。绝大多数风投纯粹以金钱为中心。他们使用严格的财务绩效指标来定义成功。至于一家公司的社会使命，他们只看重其对财务绩效造成多大的正面影响或负面影响。风投通常还干涉管理层。身为严谨专业的投资人，如果他们认为他们的投资会被带到不同的方向，他们通常坚持要获得干预的权利。

寻求风投支持的社会企业家可能导致他们的社会使命陷入危机。通常不要走这条路最好，除非你的社会使命可以协商，或者一定会给企业增加财务价值，否则另当别论。

还有一个重要的事项。最近几年涌现了很多社会导向型风投专家。其中一家机构叫作奥米迪亚网络（Omidyar Network），是由eBay的创始人皮耶尔·奥米迪亚和他的妻子潘安于2004年创办的。这家机构的网站上写道：“身为一家慈善型投资企业，我们支持有潜力带来大规模催化式影响的市场导向式做法。为实现这个目的，我们的投资风格超越了一般界限，不再是追求利润的投资和传统的慈善。因为我们相信，它们各有自己应当扮演的角色，我们投资营利性公司，我们也赞助非营利机构。”[2]时至今日，奥米迪亚网络已经为各大营利型公司和非营利型组织投入了超过2.9亿美元，横跨多个领域，包括金融普及性、创业、知识产权、消费者网络和移动网络，以及提升政府透明度。

其他一些有社会企业倾向的风投机构，包括思科尔基金会（Skoll Foundation），良善资本（Good Capital），城市之光资本（City Light Capital），RSF社会基金（FSF Social Fund），新伙伴合伙企业（Renewal Partners）以及败犬创投（Underdog Ventures）。该领域的金主们会支持与其相呼应的社会使命。

社会资本市场依然相对较小，但发展迅速，这主要归功于类似使命市场（Mission Markets）之类领先组织的支持与背书，这个机构旗下的可持续性与影响力投资交易所（Sustainable and Impact Investment Exchange，简称SIIX），让会员可以获得资金和其他服务。另一个例子，社会资本市场公司（Social Capital Markets，简称SOCAP），该组织赞助一项年度活动系列，链接全球顶尖的创新人士，包括投资人、基金会、研究机构、社会企业家，目的是打造其网站宣称的“资金邂逅意义的市场”。[3]投人圈（Investors Circle）、社会风投合作伙伴（Social Venture Partners）和社会风投网（Social Venture Network）都是类似的机构。在未来两三年内，社会资本市场的规模会比现在大很多。除了亲友、天使投资人和风投，最近还出现了第四类投资人。根据最新公布的《创业企业融资法案》（JOBS），美国小企业可以通过合格的互联网众筹平台跟小投资人募集到最高100万美元的股权资金。虽然《创业企业融资法案》，引发了合理的忧患，让人担心会给诈骗集团带来机会，但也为很多粉丝支持者、社群人数规模够大但缺乏可行的渠道接触到高净值人群的小型企业带来机会，给他们创造了急需的融资渠道。这项法案也让许多人可以有机会小额投资他们喜欢的小企业。在撰写本书之时，有关这种新兴众筹渠道的细节还没有整理好，美国证券交易委员会正在拟定实施相关法律的规定。不过这是一个值得好好观察的领域，尤其如果你是一家可以从支持者的实质投资获得利益的小企业，更是如此。

沟通理念

基本上可以通过三种方式来沟通理念。首先，你可以将理念写入具有法律约束力的公司正式文件，如私募备忘录或股东协议。虽然这是有效传递你所持理念严肃性的方法，但也有不足之处。我们之前提到过，类似哪些文件并不太容易在外面传播，通常都锁在档案抽屉里，或者，现在都是留在硬盘里而已。这些文件都是内部材料，与面对大众的品牌没有什么关系。另外一个缺点是，就算这些企业文件公之于众，却并非永久有效。今天达成的一致意见，明日可能就不再一致。具备法律效力的文件可以修订，且经常被修订，因此，实际上并没有想象得那么久。

另一个渠道是组织形态。当你成为美国税法第501（c）（3）所述的非营利机构，你就等于公开宣布慈善目的或教育使命是你最重要的目标。如果你成为一家共益企业，你就是自豪地宣布你是一家社会企业，意味着你已经做好准备，为了社会使命而放弃对利润的追求。同样，如果你寻求第三方认证成为共益企业，利害关系人可以正确解读你的意思，知道管理层和董事会打算将社会使命和利润放在同等重要的地位，更广义地来说，是要经营一家“与众不同”的公司。

第三种沟通组织理念的方法是透过持续不断的沟通。公司内部，你必须确保你的员工完全与你的理念契合。如果能契合，内部冲突就会少很多，传达给外部的信息也会一致。理性的情况是，要为员工提供培训，包括身份认同和理念的探讨，通过口头与书面沟通持续强化这些材料的内容。还有品牌的问题。没错，你想沟通传递你的社会使命，但在此之前还有别的内容需要传递——你的可信度，你的诚信操守。你需要做的第一件事就是培养出信任感。

与此相比，其他都是微调。那么，怎样才能培养出信任感呢？

你必须是真的值得信任。（我们知道啊！但这个世界到处都是在接受伦理训练时心不在焉盯着窗外的人。）

你需要证明你努力追求卓越。你是有真正追求卓越的激情的。这样的品质必须通过你说的话展现出来，并反映到你的所有产品和政策上。值得信任的人对自己要求很高，这正是他们值得信赖的原因。

你必须显示出自己在文化上与关键利害关系人群能够契合，包括你的一言一行。你需要与这个族群同频对话。在这一点上很难伪装，因为语言不仅仅是你所说的话。语言充满了各种隐喻与符号，包含各种微妙得不能言传的假设，说明什么才是适当的关系，什么是适当的沟通。由于你经营的是社会企业，通常会要求你用我们之前所说的前瞻性心智模式进行沟通，这样的模式会偏向更低的边界和更多的资讯披露。这会带我们进入下一个重点……

你必须做到透明。享受成功很容易，接受失败则更具挑战，而失败总会发生。但失败也许会让你找到一条建立信任的路。讨论问题的时候你必须坦诚、直接、清晰明了。你必须承认，你在哪里做错了，并声明你会怎样改变你的行事作风。就像2012年苏珊科曼乳癌治疗基金会（Susan Komen for the Cure）的公关危机证明的那样，遮遮掩掩只会让问题更复杂，坦承错误则有相反的效果。当你承认砍了樱桃树，你就可能成为国父，而不是躲在谷仓后面的窝囊废。竹筒倒豆子全部说出并不一定适合你，但装傻扮弱地沟通同样不是个好主意。就算最好的人才（和公司）也能偶尔搞砸事情。坦承问题，一定要真诚谦逊。

你必须展示出良好的社交技巧：能猜测他人可能如何回应以便预先调整，真心尊重那些在文化上与你相异的人士，等等诸如此类。换句话说，你必须体贴入微。你不用做到滴水不漏。从前瞻式心智模式的制高点看来，我们都还在走一趟学习之旅，大家都在寻求持续改善，所有人永远都在从事未完成的事业。大家熟悉的胜者为王，败者为寇的说法，虽然很多人都沉迷其中无法自拔，但其实已经过时。现在流行新的沟通博弈，你可以犯错误，但你可以面对错误，说出自己学到什么教训，如何因此成长等等，最后还是会小有所成，而相对不会伤痕累累。作为一个社会企业家，你的沟通方式首先必须能够激发信任感。否则，无论你的社会使命多么能融入品牌之中，也都不能解决你的问题。

保持理念

首先且最重要的是，社会使命活在社会企业家的心中。创始人或创始人们与自己的使命应天人合一。但创立一家社会企业最重要的是独立的身份认同与存在，不受任何一个人或多个人的影响。就像一个孩子，必须学会独立。因此，社会企业家面临的挑战就是要把使命嵌入组织内部，确保即使创始人不再坚持把原来的使命放在心上，这些理念也能永远存在。

更大胆一点来说，有三种情况会稀释或扭曲创始人最初的社会使命。第一种情况是引入了外部投资人，他们想保有财务利益的使命与社会企业的使命冲突，或会凌驾在社会使命之上。不是每个投资人都会被社会使命激励，从而愿意一路相随和企业一起闯过那些不可避免的酸甜苦辣、风风雨雨。

第二种情况是创始人决定退出企业或创始人过世，或者投资人决定其必须“退场”。如果当妈的不再盯着，她要怎么做才能确保孩子安分守己？独立是有风险的。这是为人父母的难处，社会企业也是如此。

第三种情况不太明显：创始人或创始人们想法变了。他们筋疲力尽，决定放弃社会使命；他们自己的精神状况出毛病了，于是在某个阳光灿烂的清晨宣告说，公司的新使命是为地球上的每个人提供一顶铝箔做的尖帽子，抵挡中情局的死光照射。虽然这个例子有点荒谬，不过人性有时候就是如此。有时候，我们必须保护好自己别受自己的伤害。

在着手保护社会使命之时必须处理好两个入门问题。首先，你想被社会使命捆绑到多紧？不见得越紧就越好：这里有很多竞争的问题需要考虑。另一方面，社会企业家不仅要充满爱心地工作，他们更需要充满激情地工作。重要的是我们必须采取行动，保护好创始人费尽心血创立的社会企业，认同并表扬他们的奉献精神。同样重要的是，灵活性也是企业的资产，有时候你并不想莫名受到限制。商业环境不断变化，有可能遇到因为谨慎而必须暂时放弃社会使命的时候。极端的例子是拒绝给予管理层如此行事的权力可能实际上会给社会企业带来伤害，因为这样会将其置于险境。追求实现社会使命也可能需要一定的灵活性。我们听说过一个案例，一个有钱人，有一家基金，定期捐赠给他自己选出来的非营利组织。这位慈善家去世了[①]，他支持的这家非营利组织也关门了。董事会继承了他的使命任务，但做得更好，他们选出新的非营利组织予以捐赠，而不是固守旧有的慈善活动。最后，还有公平性的问题。通常并不只有创始人和组织有利害关系，还有其他类型的所有权人，他们有权参与一些关键决策。用过去的声音来压制他们，是否适合呢？就像班戈的鬼魂。

其次，需要保护的是创始人还是社会使命本身？由于通常创始人就是承担使命者，所以乍一看，通过确保创始人享有对组织的控制权从而坚守使命倒合情合理。尽管这并不是最明智的做法，把太多的权力赋予单一个人或群体，会压低潜在投资人对公司价值的认知。创始人不一定是永恒领袖角色的最佳人选——创始人不一定都是出色的领导人。正如我们之前提到过的那样，改变主意的可能就是创始人。

---

① 如果赞助人死亡的时候在公司里还持有控股权益，一般归其继承人所有，而其继承人可能愿意继续遵循原来的社会使命，也可能不想再继续。因此，我们建议写一封明确的遗嘱将其转让给一定会继续遵循社会使命的人。

假定你决定赋予创始人特权来保全企业的社会使命。这并不是最完美的策略，不过通常也不算差，因为通常创始人也是希望保全使命的人，所以一般大家也会常常要求采取这样的方法；还有什么方法比巩固自己的权力更能实现上述目标呢？事实上，实现上述目标的办法倒是很多。创始人可以持有或控制某类特殊股份——创始人股份，持有公司一半或以上的股份，而且永远也不会被稀释掉。面对董事会他们也可以获得特权，例如有权否决议程或攸关社会使命的决策，例如年度预算或出售股份。

创始人还可以拥有自己开发的知识产权，从而保护自己。例如，如果一家企业的品牌是核心商业资产，创始人可以保有商标所有权，然后授权公司使用。这样做就有了很多力量：如果董事会偏离社会使命的方向，创始人对此不满的话就可以收回商标，这样一来，就等于让品牌和企业说再见了。

创始人离开公司后，可以用这样的策略来保护社会使命。费城传奇白犬咖啡屋（White Dog Cafe）的创始人和长期业主朱迪·威克斯（Judy Wicks）决定采取行动时，她卖掉了餐厅，但通过授权的方式转移了品牌。[4]如果新业主违反白犬咖啡屋的核心原则，例如不尽量购买本地生产的食材，那么协议授权她可以收回品牌名称。威克斯很精明，她认定她的传承是品牌，而不是餐厅。特许授权协议可以确保她要的传承和品牌的完整性。

你也可以把社会使命纳入组织当中，但做法要避开让特定的个人或几个人受惠。比较受欢迎的做法是借助股东协议（或运营协议），例如在这类文件中要求全部所有权人都接受并遵守特定的社会使命。

另一个办法是把权力赋予第三方个人或组织，通常是非营利机构，由他们担负起保留社会使命的责任。还可以通过股东协议来实现。例如约定未经第三方明确同意，不得转让股份，或发行不可稀释的特殊股份，但现在必须将这些股份转让给第三方，而不是转让给创始人。就像授权一样，可以部署这种策略，一旦创始人离开，这种策略可以保全公司的使命。2005年成立的纽曼自有基金会（Newman's Own Foundation），就是为了确保在纽曼自己的这家社会企业存在一日，就能够继续落实保罗·纽曼要把全部税后权利金和利润捐给慈善机构的政策。[5]

另一种确保社会使命在其创始人离开之后依然存续的方法就是，将其纳入监管该企业转让的买卖协议当中。

最后，可以把社会使命收入组织形态之中。就像我们看到的那样，共益企业身份需要企业主动宣告其社会责任、主动完成并沟通其社会责任。这种组织形态也授予其股东和董事诉讼权，当企业无法创造或追求一般性或特殊性共益事业之时提起诉讼。同样，企业的组织形态是可以改变的。

现实情况是，一方面，可以理解创始人希望自己的社会使命能够永远传承下去，而另一方面，企业如何自然演化发展又有其现实情况，所以两者之间的矛盾一直存在。我们之前所述的大部分办法不能完全杜绝企业未来贬低或抛弃社会使命的可能性。经营组织的不是文件，经营组织的是人，而只要是人，假定他们获得批准，他们总是会改写规则。即使以不可稀释股份的格式股权形式授予创始人绝大部分投票权，也不是一劳永逸的事儿。创始人可以选择离开公司。或更大权力替他们做决定，替他们选定，认为今天真的是最好的时刻，可以在真正的恶劣环境下放弃使命了。

具有法律效力的文书并不是把社会使命嵌入企业的唯一途径。你还可以从文化层面或经营层面入手。管理层总是可以选择把企业的公益目的纳入其人事管理、投资、采购政策等等。不过这类做法有一大缺点。虽然可以在运营层面达成有效协调，但无法处理所有权人与董事会层面就策略走向的争议这类更难的问题。只要大领导手一挥，一整套政策手册就会被弃如敝屣。

品牌这件事

确保落实社会使命最有力的方法是将其嵌入品牌。明日鞋业（现简称明日公司），是一家社会企业，其特色是每卖出一双鞋，就送一双鞋给需要的孩子。现在他们也按这个方法卖眼镜。[6]如果有家公司过来想买下明日公司，但不沿用卖一捐一的政策，那么他们收购的可能是与想象中不一样的且价值并不高的公司。

说到底，保留社会使命的能力终归与基本经济学有关。如果你想出售公司，潜在买家会对社会使命设定一个价值。如果这个价值可以强化品牌效应，就是良性价值。如果没法提升品牌，则是负面价值，因为这种使命会成为提高成本、降低营业和战略灵活性的因素。结果，你的社会使命到底是资产还是问题，你可能被迫按比你原先预想更低的价格贱卖公司。

这类因使命与金钱之间的对立关系引起的权衡取舍，是许多社会企业一直要面对的问题。处理这种关系的最佳办法不是想法去解决掉，而是要把社会使命与商业模式、品牌天衣无缝地衔接在一起，消弭这个问题。

当社会使命与赚钱协调一致了，反对这种使命的主要理由就不存在了。身为经理人（以及对待社会使命像爱小孩一样的父母），你仍然可能希望将社会使命正式纳入企业架构与文件之中。但这有点画蛇添足，多此一举。你的品牌会承担起最重要的任务。

第五章

金钱很重要

马克·吐温：

“缺钱是所有罪恶的根源。”

很多社会企业家对金钱的态度很矛盾。他们不太能脱离文化规范对他们的影响，比如要么随心而行，服务世界，要么积累个人财富。从这个角度来看，财富与服务的关系宛如不可调和的油与水，相爱相杀。

如果你是这种态度，我们给你的建议是：请克服它。金钱与交易，宛如轮子与交通。金钱是能量，是达成目的的手段，虽然腐败与贪婪常常把金钱变成目的，但这是对人性的评论，而非人类智慧创造的结果。我们也不能让金钱为金融体系的堕落背锅。这个时代，数百万美元的交易可以隐而不见，通过预设程序即可处理，金钱的概念变得很奇怪，很难理解，然而，要说有错，错的是我们，而不是金钱。

金钱可以创造机会。人们可以利用这样的机会为非作歹：想想庞大的石油工业，他们撒下数十亿美元，想改变对气候科学变迁的论述；人们也可以借助这样的机会大行好事。

1998年，泰德•特纳（Ted Turner）启动了联合国基金会，赞助了10亿美元，然而这与比尔•盖茨投给比尔及梅琳达•盖茨基金会的260多亿美元相比又不值一提了。这些大亨以老派方法赚取财富，而在本身富可敌国的条件下，也做出了巨大的正面贡献。

社会企业是一种为世界行善的途径。另一种途径是先发财，再做一个好人。不管哪一种，首先都要和金钱培养出正向关系。

缺钱者的第22条军规

每家社会企业都需要资金来运营和发展。标准的做法是在资本市场融资。通常这需要投入大量时间，还有大量金钱。这是道难题：你得有钱，才能筹到钱。

要向非亲非故的投资人募集资金，通常有两类相关成本。首先就是与包装和准备文件有关。每个社会企业家都需要一份商业计划书，通常是一份演示文案。他们必须清楚地知道自己想找的是什么规模和什么类型的投资，最终他们会得到多少资金。他们要决定自己需要保留哪些权力，如何保留好社会使命。是否要发行创始人专用股权？是否要将社会使命写入股东协议？企业的卖点是什么？怎样偿付投资人？何时偿付？所有这些都需要规划，也常常需要专业顾问。

一旦准备好文件，就需要寻找资金。你可能需要专业的集资人帮你实现目标。他们和我们熟悉的地产中介比较相似，他们会帮你锁定潜在投资人，跟你一起合作完成交易。他们一般会收取一笔定金，然后从募集到的资金里面抽成，一般是2%～10%。他们如何收费，以及成功后抽成多少取决于两个变数：募资人对自身价值的评估以及他们对机会的评估。如果他们对融资成功没多大信心，可能会多收一些定金。如果他们相信能找到大金主，会愿意提高自己的风险，当然也会获得更多潜在回报，因此他们乐于接收高比例的事后抽成。

定金成本，包括要支付给募资人的费用，一般在15 000～50 000美元之间。如果你付不起也别绝望。你也许会运气很好，能找到愿意旨在结束后抽佣的人为你提供必要的专业支持。强大的社会使命，在这里就会造成巨大的差异。不采取传统集资渠道也可能成功，的确，这群资金不足的“缺钱者”，有时候只能另辟蹊径。下面是如何利用小额资金来打造社会企业的选择清单。

自掏腰包：这是很多缺钱者的选择，只不过因为他们别无选择，所以上帝发明了信用卡。（或者说是恶魔发明的？）

利用好收入：如果某个月收入不错，就可以把多余的钱挪出来创业。

跟亲友借钱：你可以向那些关心你，希望你获得成功的亲朋好友借钱。这里借几千，那里借几千，够你支付一两个月的账单或签名付款升级换代，让企业从挣扎求生实现成功翻身。

众筹：类似“敲门砖”（Kickstarter）之类的众筹平台可以让企业家们为具体的项目募集到资金。这些都是不参与持股的捐赠。通常募集2万美元或以下，但偶尔也会出现大数目。有时筹集到的资金数目真的很大，就像2012年，定制化数码腕表的开发者Pebble公司，他们从70 000多名支持者那里募集到了1000多万美元。[7]美国政府最近出台了《创业企业融资法案》，赋予这些可参与持股的众筹活动法定地位。这种方法最适合粉丝数量基础较大的社会企业。

社交媒体：这可能是最具成本效益的途径，打造品牌，让你的产品口口相传。也可能是个费时费钱的大坑。

血汗股权：如果你的企业成长潜力巨大，你或许能说服你的团队成员牺牲短期收益，换取未来财富。世道不好的时候，你用这种方法招募到技术人才的机会大增，这算是经济衰退时期的好处之一。血汗股权的重点不一定非要员工廉价或免费为你打工。这也是打造高度合作型企业的好办法。比方说，有一个航空业顾问在好几个国家都有生意伙伴，他给每个人血汗股权，换取他们承诺只为他一人工作。这有助于提高他们的忠诚度，同时带来竞争优势。

实习生和志愿者：这种方式比较诡异，有些还不合法。虽然从定义上来说志愿者是自愿为你工作，但雇主并不因此不用遵守最低薪资的法律约束。实习生是例外，但适用范围很窄。要符合《公平劳动标准法》指南的要求，实习生就不可以为雇主创造任何经济利益。有些州的规定甚至更加严格。基本上这代表你不能合法使用实习生降低用工成本。如果你藐视联邦法或州劳动法（很多企业家都这样），基本上你就会遇到被起诉的风险。实际上，除非你是一家大型雇主，你的知名度会很低。现在各州政府正在大力推行这些法规，你等于在玩火。我们的建议是：遵纪守法，依法办事。

不用引进股权投资人也能大获成功的企业家不是没有。艾琳·费雪（Eileen Fisher）仅依靠自己的收入并借钱行事就创办了同名的服装公司。这家公司如今的全球营业额超过3亿美元，成为具有标志性的社会责任企业。

资本市场，我们来了

尽管我们之前说了这么多，除非你非常精明能干或超级幸运，否则想靠小额资金来成功推进社会企业还是相当艰难的事情，最后你还是必须敲开通往资本市场的大门。

在我们美式消费文化中，一般人很容易认为市场价格是事先决定且不可协商的。亚马逊网站就是一个市场。如果你要在上面购物，你不会试着去跟卖家砍价。在农贸市场也一样：如果柜台后面的人告诉你，那棵可爱的紫色花椰菜1磅要卖1美元，那就代表这东西1美元只能卖1磅。

“市场”还有另外一种定义，而且遭遇价格已经定好的工业化世界。市场并不单是买卖商品和服务的地方；市场是决定商品和服务价值的地方。这就像亚马逊遇上eBay一样！

资本市场属于后面这一类。当你走进资本市场，你就像走进了一个大巴扎集市，而不是当地的超市。价格不是事先确定的；要一个一个单独讲价。你达成的任何交易，都是谈判各方努力的结果，由各种不同的考量因素决定，例如各自认为这家企业的价值有多高，各方自认为相对于其他人自己有多大的力量，以及他们各自的目标和价值。这是一场博弈，一场创意十足的对话。

这并不是说市场就没有规则。不同的产业通常有各自的标准交易方式，多年来已经出现一整套通用的工具，让买卖双方更容易达成协议。没错，你追求的是金钱（就筹资而言，金钱更是你的目标），但你只有在有效闯过人际交易的重围之后才能达成目的。

我们的重点是：就交易而言，资本市场主要是以关系为主。如果你做好公平交易的准备，还能给出有真正价值的东西，而且还能通过清晰透明的沟通跟潜在投资人建立起强有力的关系，你就能筹到资金。就算是钱，冷冰冰的金钱，也与人有关。

就筹集资金而言，企业家一般有两种基本选择。如果是拿钱买钱，就要用公司的股权来交换对资金的使用权。如果是借钱，就要负担起长期偿付借款的责任，通常还要缴付利息。前一种方法叫股权法，后一种是负债法。

两种方法都各有利弊。若是借债，企业家需要承担短期现金流债务，负担大的话可能导致创业失败。好处是借债就不用牺牲对公司的控制权。如果发行股权，企业家就不用长期承担债务影响总收入，也不必每月支付利息。但他们之后要分掉更多利润，例如以股利的形式（如果这是部分交易条件的话），或遇到套现机会（这是个时髦的金融行话，意为卖掉那间破公司）分配利润。

如果是利用股权安排融资，可能涉及大量行政管理工作，因为多数投资人都想密切关注公司的长期发展。借债人则相反，他们更看重短期利益。公司能否获利对他们而言没有利害关系，他们只想拿回自己的钱，外加利息。虽然公司的发展面临第三方的监督不见得是坏事，但会降低运营自主性，还可能加剧使命与金钱之间的紧张关系。

从投资人的角度看，举债风险较小，因为按偿付的先后顺序而言，借债人排在第一或接近第一。股权则是高风险高回报的提议。回报可能会延后，但可能回报非常高。

还有第三种混合型选择，可转换成股权的债务，或可转换成债务的股权，但后者很少见。有了可转换债券，满足一定条件后债权人就可以将贷款转成股权。这通常像扑克牌玩法中的以小博大：如果企业红红火火，债权人就可以搭上快车，获得更高的回报。实际上，这类可转换债券的贷款利率有时候会调低，反映一种对价关系，也就是说债权人现在少拿一点，以交换未来可能出现的更大回报。

一般来说，偿还贷款从总营收中支取，而支付给所有权人的股利，则要从利润中支取。但也不一定完全如此。各方当事人可以选择付给投资人有回报上限的所有权权益，再加上从营收中支付一些报酬。这样一来，就回款而言，投资人就有优先权，同时也因为知晓企业如果卖出，他们有可能拿回全部资金，从而觉得安心。（“有可能”是因为企业也有可能变得一钱不值）。

说到底，没有哪一种单独的方法是最合适构建筹资交易的方法的。募集资金安排的细节内容，要反映参与者特定要求，以及他们可以参与这场交易决策型博弈的能力。

在管理决策方面，所有权人一般比债权人的权力更大。这点合情合理：投资越多的人，越希望能左右关键决策。但是我们绝不能把惯例和规则混为一谈。实际上，投票权和所有权虽然通常必然结合，但两者是完全不同的权益。从技术层面或法律层面来说，没任何理由禁止赋予债权人投票权，也没有任何理由禁止赋予投资人投票权。就特定交易而言，唯一的限制就是人的创意。只要他们达成的协议符合法律要求，也存在执行这些想法的机制，那么资本市场交易各方当事人可以针对任何条件达成一致。

目前可用的机制类型非常多。优先股、特许权、最高上限、期权、最惠国待遇、优先购买权和优先赎回权等都是买卖双方在资本市场达成协议的主要工具。这些东西对于交易者而言，就好比手术刀对于外科医生的作用。

有了优先权，一位或一类投资人就有优于其他投资人的权限。比方说，如果交易条款说投资人可以从营业所得中收取报酬，有优先权的投资人就有权可以抢在其他投资人前面获得报酬。或者说，如果考虑到投第一轮的要承担更高的风险，那就承诺给特定投资人相对更高的回报，而在第二轮风险较低的投资活动中，也可以给这位投资人相同的优惠条件。

转让权是一种相反的优先权：这种权力对创业者有利。一般在两种情形下会使用转让权——达成微妙平衡的交易之时，以及私人基金投资公司之时。私人基金会不能进行投机性投资或风险型投资，后者的专业术语叫作危险性投资。他们所做的任何投资都必须是为了促成社会使命，而且赚钱也不能是投资的主要目的。由于很难确定美国国税局会如何看待特定个案，而且违反这条规则的责罚很重，所以与慈善计划相关的投资才会因此兴起。与慈善计划相关的投资报酬率一般低于市场回报率，因此可以成为明面上的证据，标明基金会追求的是达成使命，而非追逐金钱。我们不止一次看到基金会坚持给予他们支持的社会企业非常优惠的折让，因为这样一来，基金会就可以安心面对美国国税局，而且这对他们来说，也是比直接捐赠更好的金融交易。借助最高上限限制，各方当事人可以约定限制投资人的总回报上限。以卡尔曾经工作过的社会企业多一网络公司为例，那家功败垂成的社会企业，其投资条款要求投资人的回报上限为投资金额的15倍。假设你投了100万美元，最多可以拿回1500万美元。对于某些投资人而言，这类条件完全无法接受。例如风投，他们依靠的就是大赚一笔，以便弥补他们多次投资都失败的事实。15倍的报酬率满足不了他们对大赚一笔的定义。不过，对其他投资人而言，尤其是和社会使命有利害关系的人，15倍的投资回报率就根本不是投资的阻碍了。

从创业者的角度来看，设置回报上限有两个目的。他们可以轻轻松松并合理合法地让投资人退场，同时排除可能对社会使命、管理权控制等的挑战。此外，如果最终这家社会企业大获成功，意味着企业家本身可以获得更多的收益。我们都知道：人心不足，贪心不断。然而有时候贪心也是件好事。

最优惠待遇地位，本质上指不管投资人目前或未来的几轮投资中有哪些优惠条件，某些特定投资人都能得到至少一样好的条件。这是很强有力的提议：每个人都想成为最特别的那个。

卖出和买入选择权让投资人在未来特定节点上有单一的选择

权。可以在某个预先设定的时间以特定的价格直接购买（买入选择权）或卖出（卖出选择权）股票。如果我有权选择以每股5美元的价格买入股票，而市值飙升到每股20美元，那我可以套现马上获利，就好像如果我经过协商后获得权利，能够在每股5美元的时候卖回给创始人。

优先购买权让投资人有权在公司或其他投资人把手头的股权卖给任何其他人之前买下这些股份。这样一来，投资人就可以避免股权遭到稀释，并可以拥有一定影响力，可以决定哪些人可以成为未来的股东。大部分情况下，如果超过一位投资人想购买他人出手的股份，就会按等比例出售给所有想参股的人。

赎回权赋予创始人按首先约定好的价格买回投资人的股份，例如以其原投资额的×倍赎回。假设你接受了某些投资人，但你发现他们不能如你所想的那样与你的价值观和社会使命达成一致，如果企业发展顺利，你又遇到其他有兴趣的投资人，这些人对社会使命没那么矛盾，有了赎回权，你就可以在某个时间点赎回原来投资人的股份。一个很重要的门槛问题就是你打算募集多少钱？基本答案很简单：只拿需要的金额，一分钱不多拿。你需要的资金越少，你得放弃的所有权就越少，或者说，如果你不发行股份的话，你的资金成本就越低。也就是说，重要的是你也得记住，创业家这类人看待自己的企业总会持非常乐观的态度。你可能希望在专业指导的帮助下合理地创造出“实际利润率”。你也可以分阶段集资：先拿50万美元开发出颠覆性的新产品，假定这个产品是率先开发成功的，就再募集100万美元为产品开发市场。

你也想凭借你长期以来对资本市场的预测为基础设计需要募

集的资金量。如果你觉得一共需要500万美元，采取的策略就和你可能只需要50万美元完全不同。

如果你分开集资——资本市场的术语称为“分级档（tranches）”，诸如优先股和最惠待遇等工具会纳入交易之中。

说起实际利润率，如果你想举债交易，要确保把资本成本损益的影响纳入财务评估之中。记不得这么做的企业家数量多得惊人，可能因为他们把集资和企业经营看作两个完全不同的赛道。这也可以理解。集资和运营看起来就是两个不同的工作：你要么专注筹款，然后开始运营，然后再进行筹款。这样一来，很多企业家就犯下这类心理归类的错误，去假设这两类情况不会出现交集，把诸如负债之类的募款所得资本看作“未来要还的，是未来某个不确定的时间点，感谢老天爷，是在我不需要运营的时候去还”。然而事实并非如此，当每个月到期应付贷款账单出现时，情况就一清二楚了。

估值难题

如果你打算出售公司的权益，你要给待售物定一个价值，反过来，这要求买卖双方对你公司的估值达成一致意见。为一家公司估值基本有三种方法（我们在此简单介绍一下）：

资产基础法：这种估值方法以公司的账面价值为起点，尤其是你加上公司的所有资产再减去公司的所有负债之后所得的数值，品牌等无形资产也要纳入作为公司的资产。

盈余与每股盈余法：这种方法是计算公司支付了所有债务之后还剩多少钱。想做同样类型的比较，通常要以每股盈余为基础，把公司盈余的金额除以流通在外的股份数量，就得到每股盈余的数字。

自由现金流法：这种估值方法是假设固定期限内扣除所有固定费用后的现金流有多少，这也称为利息、税项、折旧、摊销前盈余，简称EBITDA。

对于缺钱者而言，估值完全就是让人止步。假设你的年收入有15万美元，利润1万美元，你想募集50万美元，并保有公司大部分股权。要达成目的，你得说服潜在投资人你的公司价值超过100万美元。以实际的数字来说，这几乎是不可能完成的任务。

解决这个难题的有效办法就是借助久经考验的回避策略。只有在发行股权时估值才成为考量因素之一：估值就是怎样确定所有者权益的规模。你只能通过出借而非购买的方式来逃避估值，寻找那些更愿意接受早日偿付而非晚点偿付的投资人，尽管这意味着会降低他们的上升潜力。如果你采用这种方法，你要能够承担日益增长的现金流负担，不过，相比放弃公司大部分控制权，这个办法更为可取。

说到底，并不存在公司的“客观价值”一说。客观价值的确有，但其并不是严谨科学的产物，而是人为设置的标准。公司的身价，等于交易各方都同意的价值，而非纯粹主观的衡量指标。我们知道这样一个例子，某个潜在买家问卖方，他想把公司卖多少钱，卖方给了一个自己直觉上认为合适的数字。他并没有什么比例或其他理由作为支持。卖方的回答是：“我先看看我们的商业计划书做不做得到。”过了一段时间，卖方回来说：“我们能做到。”就这样，一桩跟右脑有关的交易就这么达成了。

买方倾向于检验过去的业绩，而卖方看的则是未来前景，这是个规律。那么，如果双方有合作的意愿，在当下的会议室里，他们总会在哪儿有所交集的。

诉讼幽灵

这是每个社会企业家的梦魇：不满意的投资人控告他们和董事会，罪名是没有履行信托责任追求利润最大化。这种风险有多严重？我们能做些什么？

我们先回答第一个问题。美国文化是一种诉讼文化：总会有一个愤愤不平的所有权人借助法院要求赔偿。如果是社会企业，一般是因为他们相信公司由于其社会使命而牺牲了利润。不过我们需要说明的是另一个对应版本：有影响力的投资人控告共益企业的董事会未能履行社会使命，虽然出现这种场景的可能性较小，但也同样会出现。诉讼这把利刃可以砍向任何一方。

实现利润最大化是企业应尽的法律义务已经被奉为真理。这条规则源于1919年美国道奇诉福特汽车公司案，不过对于这桩案子是否获得正确的诠释依然有一部分辩证空间。[8]最近这几十年来，这条法律的适用范围已经大大放宽。现在美国有三十多个州通过了利害人关系条款，允许公司董事在做商业决策时可以考虑非股东利害关系人的利益。另外还有商业判断规则可以使用，规定除非证明董事会在做决策或进行交易时表现明显的不合理性，否则也无须受到司法限制。

此外，你还可以采取一些基本步骤进一步降低诉讼成案的风险，谨慎挑选投资人。当然，你肯定不会知道什么时候会出现狗急跳墙的情况。尽管如此，你还是有权看赢面下注。方法之一是审慎检视投资人的社会价值观。如果这个人投资只是为赚钱，那么相比你们对社会使命目标有一致意见时，你面临的风险要大得多，尽管目标一致时你们双方都有一定风险。从我们的经验来说，推动社会企业的人在设法募集资金时会把重点放在钱这件事上面，经常忽略了对价值观进行全面的尽职调查。这种疏忽可能导致在创业路上问题不断。

你可以把社会使命写入诸如股东协议之类的公司文件。就像我们之前提到，如果可以证明投资人清楚地知道自己投资的是一家把社会使命列为优先目标的公司，法院就不怎么会去理睬投资人的抱怨。简单来说就是：沟通、沟通，再沟通。

你也可以选择成为一家共益公司，但这不会给你提供如铁罩一般的保护，理由有二。第一，目前实际上并没有任何与共益企业有关的法案（实际上使用哪些法规很模糊，而且不确定）。第二，就像上面提过的，这会使得董事会暴露在被诉讼的风险之中，被控未能适当履行社会使命。

诉讼的风险不仅仅因为你可能会输，光是可能发生诉讼本身就很危险。一旦遭到起诉，你要耗费大量精力、注意力和金钱。你可以给董事和重要职员投责任险，大幅度降低会造成痛苦的因素。这个险种相对便宜，会理赔诉讼成本和任何个人责任。被投资人提起诉讼可能是每个社会企业家的梦魇。之所以很多社会企业家宁愿根本不要投资人，这就是最大的原因。大多数情况下，诉讼风险真实存在但微乎其微。与之相伴的焦虑通常比实际的危险要多。把这种担心当作企业战略的组织原则之一是件好事，毕竟你绝对不愿意梦魇成真。好的一面是你可以采取切实可行的步骤将风险降至最低。

资本市场没有多少为社会企业家准备的资本吗

很多社会企业家认为背负社会使命比筹集资金更难，因为绝大多数的投资人只对一件事情感兴趣：追求利润最大化。我们觉得这是太过简单化，太过负面的态度。一方面，虽然资本市场以老派思维为主，关注的是投资回报率，但对于社会企业家而言也不见得总是负面的影响。当社会使命与品牌相结合，增加品牌的价值，即使是最保守的投资人也会视其为加分项。

还有，有一小群小众投资人，主动寻找社会型投资项目，甚至超越传统项目，这群人的数量越来越大。就像我们看到的类似奥米迪亚网络这样的组织，他们就积极支持社会企业。还有天使投资人社群，他们也给予自己信任的社会企业优厚的条件。这当中有些高净值财富人群，想促进积极的变革并拿回自己的投资，再投资给其他社会企业。从他们那儿来的任何利润也是受欢迎的，但并非必需的加分项。传统型企业家只会从亲友那里拿到这类好生意。慈善型投资人很少见，但并非城市传奇。

如果你的商业模式备受质疑，支持你企业的天使投资人几乎没有，坦白说，谁支持你谁犯傻。即便是最乐观的自认为乐善好施的人，这些基本的逻辑还是适用的：必须说服他们你的企业可以在财务上创造可观的投资回报。强大的社会使命也很少会填补因商业计划不充足而造成的窟窿。

你怎样才能找到这样的天使投资人？像我们早前提到的那样，你可以雇用一个专业的筹资人，由他们去运作他们自己的私人关系网。你可以参加一个投资人圈的融资竞赛。你也可以参加类似社会企业网之类的机构组织的活动，在这些场合，投资人和企业家可以进行非正式交流。

另一个问题涉及投资人对混合型组织形态的看法。共益企业的身份是否导致公司更难获得资金？我们的答案是可能吧，有一点。对于很多投资人而言，共益企业本身对一些重要的事情就制造了一些不确定性，例如财务使命是否始终是重中之重。因为一般都会把不确定性看成一种风险因素，而这会导致投资的风险越来越大。结果投资人会更加讨价还价。此外，涉及类似共益企业之类的新兴组织形态时，需要做更多教育推广工作。这也会成为投资障碍，所以不懂的东西就不要靠近。

我们的评估是粗浅的，因为共益企业的立法是最近才有的，目前还没有太多实际的证据。不过我们的结论也合乎逻辑。共益企业立法的完整目的就是让其他利害关系人与股东拥有平等的立足点。大家会认为这不仅仅是少数投资人关心的问题。

共益企业认证是完全不同的组织形态包装法。共益企业的身份赋予董事会成员法律责任，在设定优先顺序时，相对而言社会使命在前，财务投资回报率在后，因此导致一般人在认知上认为这类组织形态会增加风险，而共益企业认证则是一种可以大致避免法律责任的品牌战略。虽然共益企业认证也会有少量附带的成本，但这是一种可行的商业策略，一般与越来越多的风险没有关系。

基本原则是，投资人不会因为你是社会企业就给你任何优惠。你的目标有多崇高并不重要，商业计划书不吸引人的话，你就过不了创业的门槛。但如果你可以为投资人带来具有吸引力的投资机会，而且如果因为其具有建立品牌的综合性社会使命，就会更有吸引力，则你在资本市场便占据优势。反之，如果你的社会使命被视为最花钱的地方和企业的负债，那么你在融资的赛局中就有更多负担。

因此，在回答“社会企业在资本市场上究竟占优势还是劣势”这个问题的时候，我们的答案很中庸：视情况而定。

分享财富

恭喜恭喜！你筹到钱了，投资到企业中，开始赚大钱了，或像毛毛雨一样赚了点小钱。你怎样处理这些换成金钱符号的成就？

你的答案取决于很多变数。对于新手，要注意一些法律限制或要求。如果你是营利型企业，可能需要跟投资人签署协议，要求你在分配利润的时候给予他们优先权。如果你的社会企业是非营利型企业，你可以不必给高管支付过高的薪酬。这是一条覆盖范围广却长期行之有效的规则。根据一份美国国税局备忘录所述，这条规则的用意在于“防止这个职位上的任何人偷走慈善机构的收入或资产挪作私用”[9]。另外还有些实际的业务考虑。用一部分利润去奖励员工一直是个不错的想法。当你的团队能在金钱上分享企业的成就，可以把员工与企业的目标调整到一致，激励他们好好表现。在古代，被称为“战士”或“掠夺者”的先遣部队会得到战利品，比如战败者的土地和家财。这么说吧，这就是他们的红利。现在我们文明多了，或者至少我们大部分人都文明多了，我们改用金钱表达感激之情。

广义来说，可以用两种方法把收益分配给团队成员。你可以提供集体奖励，设置一个红利奖金池，让所有员工都可以参与分成，个人应得份额由其绩效决定。或者，你可以针对具体的团队成员另做安排：如果你做到的业绩超过目标20%的话，就可以获得一份利润或得到股票期权。

最后，你如何分配利润取决于你的价值观。如果你相信只有老板有权拿走利润，那将会指向唯一的结果。如果你的态度是“我为人人，人人为我”，那你的做法可能是人人都有分红。

身为社会企业家，你的身份是否会改变你分配利润的规则？可能会。你可能会受到激励，把收益重新投入到社会使命中去，毫无疑问，不经营社会企业，没有公益使命的企业家就不能选择这么做。

这个问题的答案还取决于你是哪种类型的社会企业家。如果您是激进创新者，您可以选择放弃所有者与“所有者”之间的传统区别，并为广泛的利害关系人（如供应商甚至客户）提供公司的股权。这是相当极端的例子，但激进创新者就是这么做事的。如果你是平等主义者，换句话说，是社会企业变革者联盟旗下的“社会主义企业”中的，你可能会觉得有义务设立员工持股计划，也就是ESOP计划[①]，让公司所有员工都有平等参股权。（而且，“社会主义企业”是一个矛盾的说法：没对资本主义持有坚定信心，你就不能成为社会企业家。）

分配财务回报的时候别忘了考虑税务问题。激励性股票期权

① 股票期权受美国证券交易委员会和美国税务局监管，根据1974年雇员退休收入保障法（ERISA）》的授权，ESOP由劳工部监管。

（董事会赠予挑选出来的员工的期权）的好处之一，是在股份实际出售之前一般无须承担纳税义务。这对纳税人有利，就美国国税局而言，把今天要付的推到明天再付总是再好不过的。

我们大家都同意有钱真好，但钱不一定是奖励员工的最好办法，也不一定是最具经济效益的手段。我们认识一位经理人，他是某个事业部的部长，他所在行业的薪酬结构很低，但他做人很成功，很受欢迎，因为他奖励员工有很多有创意的办法，不一定是通过金钱，例如，他让当月明星员工使用他的专用车位等等。社会企业专家米切尔·派恩斯（Mitchell Pines）说过“小感动，大不同”[10]。

本章谈钱是有道理的。钱很重要，相当重要。同时，身为作者的我们，身为社会企业家的你们，不要过度执着于我们对钱的关注。记住，这是达成目的的手段，如果过度聚焦在钞票上，可能会扭曲我们的关注点，影响我们的优先选择事项。如果心里明白这一点，我们记住以下的问题就很有用：最后一个章节里我们提出的问题（社会企业家应该怎样分配利润？），就可以很好地进行重构，还可以引申到其他同样有用的问题：我们应该怎样对待利害关系人？

说到底，社会企业的重点不在金钱，而在于人。更具体地来说，重点在于如何善待他们。实际上，这是社会企业有别于传统企业最重要的一点。

这也是我们接下来要谈的主题。

第六章
社会企业，是人的事业

汤姆·皮特斯：

“成功企业找到的魔法公式就是把顾客当贵宾，把员工当人。”

社会企业是否要对人承担特殊责任？我们大胆地回答这个问题：也是，也不是。详细说明：如果我们把社会企业与跨国公司相比较，答案必然为是。就算这些跨国企业没有直接替血汗工厂背书，或者并未涉及类似的剥削行为，并在文化上精心修饰过，还赋予其他口号，但他们在结构上就是金钱第一，员工第二。就算对人有什么特殊责任，也是次要的。

根据定义，社会企业是不一样的。人和利润，他们认为同样重要。正因如此，他们才是“社会”企业。社会企业的目的就是要减少世界的苦难，而受苦的是人。

在平行宇宙里面，将人与利润看得同样重要并不是社会企业的特别责任：这是所有组织都要共同承担的基本道德义务。然而我们居住的现实世界却并非如此。在商业世界，大部分人信奉着一种相反的价值体系，即人是工具，赚钱才是目的，而不是另一面如遵循道德（及仁爱）。无论是出于漠不关心还是一种策略，我们很难把待人恶劣的组织依然看作是一家社会企业。不管你的使命宣言怎样花言巧语，如果你不能积极并慎重地承诺善待他人，你就不是一个社会企业家。

是的，社会企业就要承担善待他人的责任。是的，就像特殊义务是跨国公司的标配一样，社会企业也要承担这种特殊义务，而且这种“特殊义务”并不比企业一般意义上要遵循的标准更伟大。为人服务是根本，获得善待是人的基本人权，而不是达成目的的一种手段。

当然，现实生活中，组织如何对待个人的问题比书中所述的要复杂得多。小企业主对于自己能够提供可以赚钱的、受尊重的工作机会而心生自豪，一般把员工当作家人。至于跨国企业，他们并没有把“虐待他人”写进公司章程。是人在管理公司，大多数人大多数时间都是善待他人的。企业无论大小，经常都可以看到关怀体贴与善意满满。这都是人性的一部分，而不是标准企业正式存在的理由。所以社会企业才与众不同。

善待他人是什么意思？在某种程度上取决于你的个人偏好与文化倾向，也取决于你碰巧是哪种类型的社会企业家。这可能意味着男女同工同酬，或一定想办法雇用少数族裔。如果你的价值观对平均主义有更深刻的偏爱，可能意味着你会给公司每个员工分一份股权。你甚至可能是这样一种社会企业家：你认为自己的一部分使命就是照顾团队成员的内在生命品质，你会支持每个团队成员的个人成长，并大力进行分享。

不管具体情况如何，社会企业家的使命就是要尊重他人，换句话说，不要剥削。或者，像我们一贯说的那样，要把人作为最终的目的，而不是达成目的的手段。

幸好，善待他人也符合商业逻辑。（不需要让媒体报道这点：大家都知道，这不是什么新鲜事）。多年来，大多数知名商界领袖都建议善待员工，毋庸置言。

- 当员工相信管理层把自己当作一个完整的人来关怀，而不只是一个普通雇员，他们就会更具生产力，更加心满意足，更加充实。员工满意意味着客户满意，从而带来盈利。——施乐公司前主席安妮•麦卡伊[11]

- 每个人的脖子上都挂着一个看不见的标语——让我觉得自己很重要。跟别人合作时，千万别忘记这句话。——玫琳凯化妆品公司创始人玫琳凯•艾施，热爱粉红色凯迪拉克的偶像式人物[12]

• 积极关心他人，举手之劳会带来意想不到的丰硕成果。——管理大师汤姆·彼得斯[13]

尽管现实中善待他人并不是传统企业的必备义务，对于社会企业而言，这已经变成定义的一部分。这是社会企业与传统企业不同的另一个方面。如果企业不善待他人，就不是社会企业。

像合伙人一样工作

我们生活在一个等级森严的世界。比方说在企业里面，我们有从普通员工到高管再到老板这样的等级链条。就算考虑到政治正确性，这样的等级划分也是不可避免的。这是秩序的一部分。

就本章而言，现在我们暂时别管等级划分这事儿。我们得先想想合作伙伴关系。更具体一点，我们得想想怎样把伙伴关系心态带入你和利害关系人如何相处这一块来。“伙伴关系”这个词用得太多，都快失去其原本的意义了。不过这是一个至关重要的概念，值得我们花点时间好好剖析剖析。把利害关系人当作合作伙伴，到底有多重要？有两个原因。首先，这会激发平等主义思维。实际上这是一种平等主义的力量。当人们视彼此为伙伴，就变成一种无须言喻的假设，大家地位平等，为了一个共同的目标心甘情愿地合作。从道德上或战术上来说，这都是好事。就像我们之前看到的那样，当人们获得尊重，也就是获得平等对待，他们一般都会表现得更好。合作伙伴的思维模式可以为每个人赋能。

这隐藏着我们对构架的需求。合伙也是一种法律构架，虽然这并不是我们本章使用的含义，就算用比较粗略的角度来看，“合伙关系”所隐含的相互义务也是“关系”这个意义比较模糊的词中没有的。专业合伙关系有开头、中间和终点，结构非常严谨，需要主动管理。

如果你正在经营一家社会企业，了解合伙企业特别重要。军队需要明确的指挥链：它仰仗的是阶级。职业足球教练不是平等主义者，他们更多是仰仗各种自上而下的狠手赢得超级碗大赛的。但社会企业不一样，天差地别的不一样。因为军队和球队只有一个任务，那就是赢！所以他们会把人作为达成目的的手段；而社会企业的主要方针之一是把人本身作为目的，只有以合作的心态行事，才能完美达成这个目标。且让我们赶紧补充一句：你不用无时无刻都在做好人。

在《黑手党的金玉良言》（*The Mafia Manager*）这本非主流管理指南里面，作者V给了我们以下建议："有时候你总免不了会折磨人，甚至粗暴对待你的员工。别担心你的员工会因此说你的坏话。他们早就说过了。不过，总体而言，要努力表现得有点亲和力，与人为善。尽量努力取悦为你效力的人，尽量不要与人结怨。"[14]

做好人，好好与人合作，这都具有谋略意义。虽然对你来说，成为像银背大猩猩一样令人害怕的领袖偶尔也是件好事，但正是这种例外为规则赋能。

合伙的原则

在实务中合伙原则如何发挥作用呢？我们先从一个实际案例说起。我们身为灵长类动物，天生就能适应等级。这种对谁是上位者，谁是下位者的认知，有时候会在不恰当的时机突然跳出来，比方说，当压力促使我们把身处下位无法反抗者当作代罪羔羊，或当别人拥有我们觊觎的东西（例如金钱）时也会这样。

比方说，以自己不擅长的弱点着手去接近投资人就很容易掉坑里去。这种方法也绝对保证你搞不定事情。当投资人面对混杂着穷困、嫉妒和玩弄手段的态度时，肯定立马脚底抹油，赶紧开溜。在你完全清除了系统中这股混杂力量之前，不要去接触潜在投资人。不要老想着去筹钱，要想着去建立关系，想办法搭上线，用伙伴关系心态去接触他们。

你也希望尽量理清自己的思路和期盼。这是个很谨慎的目标：从合伙关系这个前提入手，各方当事人越是彼此了解，事情的发展就越不容易偏离轨道。从理论上来说，所有重要的信息都已经写入规范双方当事人的文件之中，比如工作说明书、雇员合同、供应商协议等等。遗憾的是，这也是理论与现实会发生冲突的领域之一。基本上缺失的东西是对完整意图、态度和价值观的明确说明，而正是这些因素决定了参与交易的各方当事人最终成为什么样的人，最后更为他们的关系定调。

简言之，这叫只见树木不见森林。

这种忽略有深刻的历史原因。这种达成交易的标准方法形成的时间，正好是我们在本书第三章里面探讨过的，一个由更高的边界，更具侵略性的世界观占主导的时代。那时候的谈判就是两相敌对的，所以没有人会努力寻求当事人之间更高层次的契合。既然每个人手中都有筹码，干吗要费事协调？但情况正在转变中，随着较低边界心智模式的出现，我们开始用更加包容，更加具有合作倾向的方法来进行交易。

加州律师琳达·阿瓦瑞斯（Linda Alvarez）编写了一套名为

“探索一致”的流程，试图让双方当事人对彼此的了解上升到一个更高的层次，超越具体交易所需的标准。她在自己的网站上说：

对于不喜欢老式敌对模式的人来说，探索一致性是另一种很有用的选择。这种新的架构特别适合那些已经站在转变商业模式前沿的社会责任企业，以及那些对旧模式固有恐惧和不信任从而不愿意签署法律协议的人。

传统惯例是让缔约各方相互对立，奠定了不信任的基石。而探索一致性是一种新的模式，将共同的愿景和价值观放在谈判中最前面最重要的位置上。这套流程强调并调整好一致性，从而为构建并执行商业关系打造出更加安全、更值得信赖的基础。这样一来就可以打造出更加强大、更可持续发展以及更加有趣的企业，确保即便面对分歧或出现意外的变化之时，也可以承受得住并依然蓬勃发展。[15]

利用这种方法，合约中的各方当事人可以确定并分享自己的愿景、使命和价值观（VMV）①。这些信息可以整体纳入监管文件，不只是作为前言，更易作为参考，解决未来可能出现的任何分歧。让各方当事人同意抽出必要的时间来分享愿景、使命与价值观并不是件容易的事情，但值得为此去努力。阿瓦瑞斯说，“一旦催生出与愿景、使命与价值观有关的材料，各方当

① VMV被写入法律，因为契约语言是法律体系所期望的，并将各方当事人解释为监管他们关系的“私法”。只要合同条款不要求违法行为，常规系统将尽其所能执行双方在合同中所描述的交易或行动计划。因此，VMV不仅仅可以表达优秀的理念，如果妥善编写，可成为合同的可执行部分。

事人就能建立起一种更加真实的关系”。他们对彼此的了解，是其他方法无法达到的。就算事情失败了，他们也有可以化解冲突的构架。

联合利华公司耗费很长时间收购本恩杰瑞冰激凌店的故事，是阿瓦瑞斯可以拿来研究事情如何出错的一个案例。“根据收购条件，联合利华承诺尊重创始人的原始使命、愿景和价值观”，她说。但是市场现实和架构上的偏差打乱了这一点。虽然联合利华做了一些努力想遵循本恩杰瑞冰激凌店的原始使命、愿景和价值观，但保证不了那些承担社会责任的做法能够一如既往做下去，所以情况明显开始出现问题。

这种组织架构方面的压力正是设计“探索一致性”这样的流程要解决的问题。这个流程用两个步骤来解决问题。第一步是理清各方当事人各自的以及他们共同的愿景、使命和价值观并将其进行调整。第二步也是同样重要的元素，那就是草拟出一份条款，明确指出，如果各方当事人之间出现分歧，或环境发生改变以至于他们必须重新协商全部或部分交易，那么他们将使用这份有合约效力的愿景、使命与价值观文件作为谈判的框架文件。

依照阿瓦瑞斯的说法：

发生冲突之时，人们开始情绪激动，很难记得什么才是最重要的事情。冲突会触发我们文化方面的条件因子，我们会进入战斗模式，自认为是一场战斗中的对立力量，想主导并控制决策权力。我们的关注点在求胜和保护自己免受“敌人”伤害。当我们事先达成一致，如果关系陷入危机时我们要做的第一件事就是坐到一起，审视大家的愿景、使命与价值观，提醒并重新引导自己什么是最重要的事情，然后我们就有更多机会记起胜利对我们而言到底是什么，我们就能一起合作，一起想办法重新创作我们的愿景、使命和价值观，重新调整我们努力的方向，并坚守我们的理念和诚信，从而化解危机。

愿景、使命与价值观是协商和决策的焦点与框架，是争议的化解方法和面对变化时的积极回应，是在整个合作关系存续期间各方当事人的指南针，可以轻松高效地调整大小航道的方向。即便是在其他可能触动对抗式较量态度和毁灭式对抗行为的情况下，愿景、使命与价值观也能激发出肩并肩解决问题的倾向。

努力实现愿景、使命和价值观的高度协调一致有助于人们了解潜在合伙伙伴的长期契合度。阿瓦瑞斯讲了个故事，她的一个客户，一位畅销书作家，是一个文学经纪人想争取的对象。有次，作家和这位经纪人相谈甚欢，之后决定要跟对方合作。然而，当收到正式合同时，里面的条款完全只是对经纪公司有利，于是阿瓦瑞斯建议双方就使命、愿景和价值观编写谅解备忘录，然而经纪人那边却不吭声了。最后，整个交易也就不了了之。“经纪公司不回应我们想根据各自的愿景、使命和价值观引导出一致性的要求，显示这家公司根本就缺乏诚信，”阿瓦瑞斯说道，“当我们要求经纪公司兑现承诺，情况很快就清楚了，这家经纪公司打的算盘是把作家锁进对他们有利的长期协议中去而已。”

阿瓦瑞斯和作家在继续寻找出色经纪人的过程中，找到一个乐意写下愿景、使命与价值观的经纪公司。结果：成就一场相似心灵的邂逅，一次充满灵性的交流。最后，作家与她的新经纪人从此愉快地合作下去了。

虽然阿瓦瑞斯的工作主要关注雇佣制以外的关系，把她的探索一致性方法用在公司内部也很合适。可能成为员工的人，应该先熟悉下社会企业的使命、愿景和价值观。一点点的互惠，也可能为雇主带来益处。

迄今为止，我们已经发现了两大合伙原则：第一，要敏锐地感知权力的动态；第二，要站在高处去看，或你更喜欢的说法是不要只见树木不见森林。

我们第三个原则直接来源于第二条：定期检查。我们在书中不断重复强调了要及早理清价值观、理念和期待的重要性。这很有必要，但还不够。就像选举投票一样，你会希望今早摸清形势，而且还要经常这么做。一旦你建立了更高级的合作框架，要记得定期进行重新审查，确保大家依然彼此一致，或若有任何变化，找出变化的方向。如果你把这些协议写下来，不用说也会将检验流程变得更加简单。第四条也是最后一条原则是：如果合作伙伴认为自己是学习型组织的一员，要支持这种文化。对于所有合作伙伴而言这点都成立，因为随着关系越来越耗费精力，需要了解越来越多的办法。

人类不是时空中某些固定的点。人生路，从生到死，我们也希望这条路带领我们从无知走向智慧。说到底，伙伴关系也就是大家同做过一件事，同走过一段旅程。伙伴关系中体现出来的能力也就是成员的能力，所以，说伙伴关系的成功反映出参与成员的技能水平和智慧水平到达什么样的程度是很有道理的。

信奉学习型文化的组织有很多好处。这是一种昭示谦虚的非语言类的沟通。它说，没有人是全知全能的，就算是大老板也办不到。它说，我们大家都处在不断学习、不断成长的过程之中。它还有额外的好处，它鼓励协调一致，鼓励对话，鼓励自我表达。

无论是公务关系还是家庭关系，伙伴都能帮助彼此学习和成长。而你也知道这并不容易。我们都有点怪癖，好吧，其实是弱点。这些缺点会阻碍我们自身及伙伴的发展。自尊受到打击时很少有人选择不逃避，把打击远远地隔离到我们认知以外的安全地方倒是更为常见的事情。

然而这并不保证我们不会受到攻击。实际上，我们越是想把这些困难隐藏起来，它们就越可能跳出来纠缠着我们。从这方面来说，它们就像吸血鬼一样。就像电视屏幕里这些活跃的怪物一样，打败它们最好的办法就是把它们带到阳光底下。

我们最喜欢的一个管理类问题是：我需要知道什么才知道我并不知道？这是一种向合作伙伴和同事提供信息的学习型文化邀请，不解决的话可能影响集体事业。

想要这个问题能发挥效果，必须遵循某些标准。首先，这个问题的用意不在于招致虐待伤害，禁止无端攻击行为。答案要关注感受，只要感受是真实的，就不要进行争辩。如果吉尔说："乔伊，我担心你大小事一起抓会影响员工士气"，这是一种针对情绪的沟通，所以如果抗议说"我没有大事小事一起抓"是没有用的。乔伊的管理模式可能是事无巨细，也可能不是。判定实际是否真的如此并不是这场对话的重点。无可争议且息息相关的是，吉尔认为乔伊是这样在做，从而她担心整个团队的士气与生产力。这才是需要解决的问题。

美国前国防部长唐纳德·拉姆斯菲尔德（Donald Rumsfeld）曾饱受嘲弄，就是他说了"我们知道我们有些事情还不知道，有些事情我们不知道我们还不知道的”这一串话。虽然我们有可能被认为替唐纳德说话，但我们觉得，在这件事上其实他受到了不公平的中伤。这句话划出一个有用的界限，要我们去关注半受控制的世界（我们知道我们不知道）与不受控制的世界（我们不知道我们有些事情不知道）之间的差异。这里点出了我们的意识认知与无意识未知领域之间巨大的鸿沟。

虽然不是很明显，但“我需要知道什么才知道我不知道”这个问题，也会引出一些在我们的自我认知以外，以及自尊防卫机制以外的与秘境有关的信息。如果身为社会企业领导者的乔伊在管理方面有易怒的问题，可能需要有人告诉他，而且告诉他这件事比他承不承认自己有这个问题更重要。如果乔伊是真正谦虚的人，他会主动鼓励别人分享那些对他有帮助也有助于成功合作关系的信息，例如他的愤怒正在毁掉团队的情谊等等，有人敢告诉他，而且他能听到这类话的概率就会大大增加。

这有没有风险？当然有。但值得一试。软弱的领导者会避开那些从暗黑深渊拖到阳光底下的信息，而强大的领导者却不会这样。

借用拉姆斯菲尔德的话来说，有些东西很容易说清楚，有些东西很难说清楚，有些东西根本说不清楚。“我需要知道什么才知道我并不知道”这个问题的力量之一，就是它可以把我们拉出来，从而不卷入大概做不到的事情的风暴中去。说到底，这是消除误会的唯一方法。

不用说，就算你在这个过程中并没有提出这个问题，你也可以孕育出学习型文化，不过这个问题可以帮你大忙。

打造强大的团队

很好，你接受了合作伙伴心态。现在开始打造你的团队。

和其他很多事情一样，打造团队也要从企业规划流程开始。在这个过程中，你必须为团队中每个重要成员撰写详细的工作说明。这个时候，就像玩拼图一样，你要把每一片都拼好。这是最关键的第一步。这并不是说你的规划就一定成为板上钉钉的东西，因为随着环境改变，难免要做一些更新。不过打造一份事业总归要从基础开始，这也正是企业规划流程要做的事情。

到聘用团队成员之时你看重的是哪些特质？当然专业能力是首选：你要找的是表现优异的人才。不过，如果你要打造一支团队，来一群能力超群却各管各的人那就不行了。你要考虑的最重要的事情是首先雇用那些能够交付成果的人才。理想的状况是他们可以与同事齐心合作，同时也对自己的工作和专业的关系有一定自我认知。在同事关系和自我认知不那么重要的领域，才聘用那些更喜欢获得荣誉或最差也要做好的那一类业绩能力强悍的优秀人才。

这会带我们考虑下一个问题，也就是我们偏爱的所谓“全方位服务合同”。这并不是法律文件，而是一种非正式的（但理想状况是写明白的）协议，说明希望团队成员在工作的感性层面、理性层面和灵性层面有哪些表现。这种全方位服务合同在于昭告员工，聘用他们的原因并不仅仅是他们能做什么，更因为他们是什么样的人。这种沟通的赋能非常强大：这就是告诉员工，你没有猜错，企业没有把你们当作达成目的的手段（干活儿、达到目标，然后回家），企业把你们当作目的本身。全方位服务合同说，我们要的是你的激情，我们想要你的创意，我们想要你的个性，我们希望你把你这个人最有活力的那些因素每天都带到工作中来。

全方位服务合同还可以纳入雇佣协议之中，白字黑字写下来就不会造成任何问题了。无论你怎样沟通，绝大多数你想雇用的人才都会把这个当作一份礼物的。

融洽的人际关系，成熟的情感状态，正是这些只可意会不可言传的因素成就一个团队发挥超出其本身水平的能力。当然，能力素质也很有用。如果你缺乏信心，不相信同事能做好事情，就会引发焦虑，而焦虑是最大的破坏分子。

你也想同时追求一致性和多元化。看起来就像要你把南北极拼在一起一样矛盾，然而事实并非如此。你希望围绕愿景、使命和价值观达成最高层次的一致性，你也想在此之下的层次出现多元化，是个充满活力创意十足的空间。多元化并不仅仅是一套你“应当”追求的政治正确的政策，而是强大的企业资产。说起激发创意并让火焰燃得更旺，没有什么比各式各样的视角更合适了。

如何定义多样性取决于你的价值观和需要处理的优先事项。这可能意味着尽量不要寻找具有不同战术或技术取向的人。或者，这可能意味着采取更多政治正确的途径，积极寻求雇用女性和少数民族人士。虽然在这里没有正确的答案，但有一个正确的结果，一个愿景、使命与价值观统一，而又富有健康创造性差异的团队。

建立强大团队的另一个关键：表达感激之情。在第五章，我们回顾了从经济上奖励团队成员的方法。您还可以用非金钱的方式表示感谢，如升值、多放假和公开表扬。亲自向团队表示感谢。单独跟每个人谈，问他们最喜欢哪种金钱以外的谢意。你可以把这种策略当作诺曼•文森特•皮尔一书《积极思考的力量》的一种变化形式。

“感激”意味着两件事：看到价值和提升价值。两者相互有关联。如果你表达感激之情，你所欣赏的一面会升值，团队的集体士气也会提升。用玫琳凯化妆品创始人玫琳凯的话来说：“我们对待自己人就像对待皇室的人一样。如果你尊重为你工作的人，他们也会尊重你。”[16]

打造强大团队还有一个关键方法。请记住这个团队里最重要的是谁。就是你！文化是自上而下被定义的。你就是组织的领导，你必须展现出你是一个情感成熟、自我认知的人。你必须谦虚，乐于学习；你得精明能干，公正廉明；你还得善于放权；你得是团队的偶像，也是大家的导师。

是的，说到底，你是最重要的。

发现协议和全方位服务合约揭示了把人当作目的而不是手段到底意味着什么。邀请参与者加入合伙企业，把关系上升到更高更综合的层次，这些过程充分承认并尊重他人，而不是专注于可以为你服务的人的狭窄部分。

除非你是圣人，否则你会以自我中心的眼光看待世界。虽然你的理性头脑更清楚，但大部分你“知道”的东西就像婴儿“知道”的那样，以为这个世界围绕着你旋转。这种态度没法避免，很不幸这是人类的基本认知。合作伙伴原则会挑战你，让你在某种程度上推翻这种偏见。也就是说，尽管有明显相反的证据，好像你的利害关系人的生活像你一样充实而丰富，而这一切来自你内心深处一个咆哮的声音，一直叫着：“我！我！我！”

因此，尊重他人不仅是稳妥商业政策，也将我们带入精神实践领域。善待人，不仅是道德上的责任，这也是一个机会，一个持续的学习机会，一个走出自己的壳的机会。我们在放下自我主义和自恋防御这个真正艰难的工作方面取得越多进展，我们越能真正把人当作目的，而非达成目的的手段。

但我们正在超越自我。这是社会禅型企业的东西，我们将在下一部分讨论这个话题。

第七章
决策！决策！决策！

史蒂芬·柯维：

“生命中有三种东西是不变的：变化、选择和原则。”

我们已经讨论过社会企业家所需的三大关键要素：理念、资金和人才。

且让我们来检验一下这些因素在日常决策的本质中如何发挥作用。本章包括作者艾伦为其他四位社会企业家提供咨询的文字稿，他们分别是一位初创期的缺钱者，一位创业后期的缺钱者，一位稳健者和一位改造者。综合起来，对于社会企业家面临的各种挑战以及艾伦采用了哪些办法去协助客户做出稳健的决策，他们提供了深刻的观点见解。律师要扮演两个角色：顾问和文件起草人。根据艾伦的经验，推开律所大门进来咨询的客户，很少有人已经做好起草相关文件的准备工作。大部分人，包括稳健的那一群人，都需要进一步透彻地想想自己的业务。所以，当艾伦要开始跟客户建立关系时，总是先按你在本章中看到的那种咨询方法来开头。

改造者面临的挑战尤为严峻。回顾在法学院的日子，学校教我们要成为某位教授说的那样，“像律师一样的声音”。这种声音多数人都能辨识（虽然不见得都能获得认同），也是真正蕴含洞见的声音。还有一种声音叫作“像商业人士一样的声音”。后者涉及类似盈利思维、解决非线性问题的能力倾向，能够发现带有竞争优势的市场缺口和机会等等。对于许多非营利型机构的高管而言，他们无法自然而然就获得这些特质。这并不是他们的专业文化或经验的一部分。在这些时候，艾伦的角色就不只是企业顾问和文件起草人：他成为指引者，帮助改造者熟悉新的思维模式。

在本章中，你会看到大量以组织形态为核心的策略规划，其中很多都跟之前提到的社会企业核心问题有关，如募集资金和保留社会使命。这也是再一次提醒我们理念的根本重要性，而实际上最后又回到另一种基本的重要性：心念的意义。为什么呢？因为理念是感情作用的心智副产品。当你把内心的渴望转化成意志传达出来之后，那就是理念。理念，是包覆在决心里面的渴望。

最后，我们还要提醒你另外一件事，事关社群的重要性。社会企业是一份艰难的事业，当你孤军奋战时更是如此。社会上已经有成规模且不断飞速发展的社群体系，组成人员正是这个生态系统中的从业人员和其他重要成员，例如有影响力的投资人和专家顾问人员。加入这个网络，能在实务上和情感上得到极大的好处。

早期初创企业：寻找心灵的指南针

组织名称：	4D艺术中心
法律形式：	由非营利个人独资基金会提供资金赞助的项目
社会企业类型：	初创企业，饥饿的一群
经营活动：	支持全息摄影艺术工作者，支持全息摄影艺术
受访者：	琳达·洛（Linda Law）
职务：	创始人
主要问题：	整理好非营利事业的使命和营利商业机会，以及组织形态隐含的意义

艾伦：请提供《读者文摘》型摘要，简单说明你的情况。

琳达：我们是获得个人基金会赞助的项目，因此可以借用他们符合税法第501条C项第3款的资格。我是两位创始董事之一。我在三维全息摄影领域背景丰富，我是艺术家也是策展人，还有一些其他角色，我在这个领域挺有名的。我们的组织使命是让全息摄影艺术家们可以使用最好的技术，这种技术太贵了，一般他们自己单独都买不起。我们已经获得一部分种子基金，不过我们也才刚刚起步。到目前为止我们也收到一些很正面的反馈。我们收到各界捐赠给我们的大量全息影像技术设备，也得到很多志愿者的帮忙。我们也在家乡找到一个地方，准备在这里设置先进的全息影像设备。我们的想法是艺术家们可以去那里付费使用这些设备。

> 形式追随功能。你的首要工作就是界定成功对你意味着什么。

我们目前正在考虑是否要继续以非营利模式经营下去，当然整件事其实蛮复杂的，等会儿你就会了解。

我有个好朋友，也是个潜在的商业伙伴，是全息影像圈的先驱者之一。他开发了一种技术，最终可以大量生产出全息影像，例如在信用卡上。他最近还研发出一种台式全息影像打印机，想商业化。这个产业可能非常大。他正考虑跟我合作，也要和其他一些人合作。他已经78岁了，尽管他身体还是很硬朗，不过这还是需要考虑的问题。

另外还有个问题：拜尔公司生产了一种光聚合物，可以搭配这种打印机使用。一个选择是跟拜尔寻求资金，或者从其他的跨国企业那里融资，比如惠普。

很明显我们会面临很多变数。我心里想的问题包括：我们能开办公司并由这家公司给非营利组织提供资金？非营利组织可以经营这家企业吗？这两种组织究竟要怎样连接在一起呢？在营利企业与非营利组织之间，你要从哪里划出界线？又要怎么划呢？

我们的主要使命是培训艺术家，让他们可以使用这些技术，但这里头又有个很重要的商业机会，我不想错过这个机会。

艾伦：你说的情况中，有些事情的投机性比另一些事情要高。就你所说的符合减免税条款的融资而言，你目前的计划是什么？这个非营利组织如何以一个经济实体身份生存下去？

琳达：主要收入来源是艺术家设置的工作室以及为他们提供三维全息影像技术获得的收入。

艾伦：也就是说你们为他们提供服务。那你一开始为什么确定要成为非营利机构？

琳达：这是阻力最小的一条路。我们已经获得了捐款，而且由于我的名声和人脉，也有人把我介绍给其他潜在的捐赠人。

艾伦：成为减免税条款下的组织倒不失为一条好路子。有了它，你可以去寻求捐赠，不过你应当知道，只要你的使命是慈善性质和教育性质的，组织能赚取的收入就没有上限。

不过，照你跟我说的来看，我不敢完全确定你的使命的确是慈善类和具有教育性质的。我有种感觉，你正关注着一个重要的商机，吸引你的是能赚大钱的可能性。听起来，我觉得除了慈善和教育使命外，你脑子想的主要都是怎样赚钱。我就是这个感觉：如果赚不了钱，你就不会做这事儿。不是说你马上就要赚这个钱了，想赚大钱之前，还有很多事情要做到位才行。

琳达：我把这个商机列为优先考虑事项的原因是因为，如果我们想开始做这件事就一定要快。我必须考虑我朋友的年龄问题。

艾伦：这样听来，你好像打算经营一般企业，同时还要经营非营利企业。这是两个不同的机构，但会有一定合作。你可能想非营利组织可以获得营利机构的部分利润，或以其他方式受惠。

琳达：没错。

艾伦：想实现这个目标，有一些基本策略你可以用到。你可以成立一家完全拥有独立法人地位的实体，捐出一部分利润给非营利组织，或把公司一部分股份分给非营利组织。在这种情况下，非营利组织就不能主动参与企业的经营，但可以有一些合作。你必须确认非营利组织无论如何都不可以补贴营利企业。营利企业可以支持非营利企业，但不能反其道而为之。

琳达：我可以不可以同时参与经营两个组织？

艾伦：可以。但你必须注意某些正式规范，并在记录相关事务层面把两者分清楚。类似这种情况，只要营利企业与非营利组织之间的会计账目分得清楚，可以共用办公室和员工。如果非营利组织发生任何实际上应当归于营利企业的费用，都必须由营利企业支付给慈善机构。

琳达：假设我们租下了看中的那个地方，可不可以把那个地方划分出来一部分供营利企业使用，一部分供非营利机构使用呢？

艾伦：可以，前提是要分开处理财务问题。如果非营利组织要把地方租给营利企业，至少要以公平市价进行交易。你可能甚至希望让营利企业支付高一点的价格，当作一种保险，以免国税局在核查非营利机构的免税地位时会发现什么不好的影响。只要低于市价，慈善机构就会被视为补贴营利企业，就有可能失去免税地位。

琳达：这样对我就简单多了。

艾伦：还有一个重要的事项。即使你在处理账务的时候把这两个机构正式分开，但仍然免不了让其他人认为这两个机构实际上是一体的。除了独立的董事会和分开的账务之外，你也可能希望两者在空间上也是彼此独立的，也许有各自专门的入口。你也可能希望两机构各有各的员工。

琳达：我假设必须让这两个实体完全各自独立。

艾伦：这是常见的误解。只要税务机关可以分清谁是谁，只要慈善机构只关注其慈善使命和教育使命，你就可以过关了。

还有一个选择：让慈善机构拥有企业。只要慈善机构直接拥有营利企业，就会相对直截了当。如果你发现自己需要引进投资人，这样的做法也可行，但会比较复杂一些。在这种情况下，慈善机构必须承担其照顾投资人利益的责任，这就有可能跟慈善目标相冲突。

琳达：我比较倾向于采用第一种方法，也就是设立两个不同的实体。

艾伦：我同意。你的企业会有点复杂，可能有很多参与者。你不想慈善机构再加进来，就让营利企业做营利的事儿，让慈善机构做慈善事业。如果你的营利企业成功了，你就有利润或净营收，会有很多种办法把钱投给慈善机构。你或许可以签署一份参股协议，允许慈善机构共享利润，但没有营利企业内部的投票权。或者，营利企业可以从事慈善捐赠。这种做法要考虑的另一面是，如果你和投资人一起成立营利企业，他们不一定想对慈善机构承担任何义务。你要谨慎地挑选投资人，确保他们和你的愿景一致，会用同样的角度看待慈善机构与营利企业之间的关系。你能否办到这一点没有任何人可以保证。你可能会发现自己接受资金的时候还得接受一些附带的条件。一切都要视情况而定。

琳达：像我之前提到的那样，拜尔公司开发出一种很有革新潜质的新材料。在这点，我们也许可以帮得到他们。你能不能给我点建议，怎样规划这件事呢？

艾伦：我有个客户，有一家医护行业的非营利组织。一家在研发供医生使用的移动技术联系他们，希望实地测试其app。他们需要把这套系统推荐给几千个用户，让用户每天使用，并找出问题。我的客户能够找到一大堆测试人员，于是我们草拟了一份协议，由非营利机构同意邀请其成员参与测试营利企业的产品。董事会做出的结论是，帮助这些人属于他们的使命范畴。但他们要拿一大笔测试报酬，以便确保自己的免税地位。就你的情况而言，你的营利企业也许会同意测试新技术。之后可能雇用非营利机构作为转包商，或者自行测试，然后把一部分收益捐赠给非营利机构。

看起来可能会遇到知识产权所有权的问题。我可以想象，你们可能会开发出与拜尔公司产品互补的知识产权。

琳达：有可能。我朋友写了很多专利。

艾伦：这种情况下，营利企业可以拥有知识产权，把一部分收益转赠给非营利机构。

琳达：我们才刚刚开始，因为我希望我朋友能为艺术家们开发出一套最先进的全息影像系统。这完全可以跟拜尔开发出来的产品媲美。他们有产品，但没有市场。

艾伦：我感觉你有两种各自独立却又相互重叠的兴趣。你想为全息影像艺术家们服务，你也想创办企业。两件事你可以同时做，两者之间也可能有效率，例如在使用办公空间这个事情上。在这种情况下，你必须密切关注两件事。首先是潜在的利益冲突，其次是私利的问题：你不能使用非营利机构去为你自己创造财富。这些都不是不能克服的问题。处理这些问题的时候，一方面要考虑实质性的，一方面要考虑形式方面的。

琳达：现在我是开足马力在做慈善机构。我们可以先开始，通过全息影像艺术家们和捐款获得收入。我想创办营利企业的主要原因是为了非营利组织的长期可持续发展。我不想永远只依赖捐款。

艾伦：有些问题比较复杂，我们简单聊聊解决不了。不过现在，我只想提醒你，在规划谁拥有哪些所有权的方面一定要小心谨慎。如果你做的是营利企业的活儿，却使用的是慈善机构的人员，还有，如果营利企业用的是非营利组织的办公地点，那么美国国税局得出的结论就是慈善机构拥有知识产权。这样一来，会给你的营利企业带来真正的麻烦，营利企业一般还是希望拥有企业赖以仰仗的知识产权的。

我建议你花点时间仔细研究看看你的理念到底是什么。你的心怎么说？非营利机构的工作是你的第一要务吗？还是会说你想通过营利机构赚钱呢？其实没有对错，但这个问题很重要。你的理念将决定哪种组织构架最适合你。回答这个问题的方法之一是往后看十年，看看那个时候的你在做什么。

琳达：我是那些全息影像艺术家的一分子，这么多年一直都要想方设法才能用上这套设备。我希望五年后可以从事自己的创作，我希望是别人来运营这个非营利机构。

艾伦：你想参与企业的经营吗？

琳达：我会创办，但我不想经营。

艾伦：清楚这一点是件好事。现在请记清楚自己的理念，是时候仔细做好企业规划了。坐下来，简单写出未来几年内非营利组织和营利企业会是什么模样，为你的想法补上内容。注意先后顺序。

琳达：我们已经针对慈善机构这样做了。

艾伦：对营利企业也这样做吧。请记住，先有功能，后有形态。你的首要工作就是界定好成功对你而言究竟意味着什么。一旦你决定好了，我的工作就是帮你找出哪种组织结构能帮你最快获得成功。

琳达：你帮了我很大忙。你不仅理清了我的思路，还让我了解到，营利机构和非营利机构之间可能的相互关系而言，当中的空间比我知道的要多得多。我以前以为这两者一定分得很清楚。找到我们可以同时经营两类实体是件好事。如果我们打算这么做，就放在同一个屋檐下这么做。

你也帮我弄清楚一件事，让我知道我必须密切注意到我的个人抱负与我们提出来的战略之间的关系。

艾伦：没错。你在战略上的优先顺序必须一致地反映出你最后的目标。听起来很清楚，不过实际上做起来没那么容易。人很容易陷入机会带来的热情当中，结果走偏了方向。有这些机会当然很好，但别忘了初心。身为社会企业家，你必须整理好你的理念并安排好优先次序，要说到做到，让最重要的那一条指引你前行。

与缺钱者的访谈：把马儿牵到门口排好队

组织名称：	巴蒂斯托尼中风康复中心
法律形式：	有限责任公司
社会企业类型：	后期阶段的缺钱者
经营活动：	中风康复教育与支持
受访者：	路易斯•麦肯齐（Louise McKenzie）
职务：	首席运营官
主要问题：	准备筹集资金

艾伦：告诉我你的情况。

路易斯：我是一家叫作巴蒂斯托尼中风康复中心的社会企业的两位校长之一。我们是在北卡罗来纳州注册的有限责任公司。校长是马库斯（Marcus Battistoni）。他是一位医学教授，他开发了一项新技术，可以让脑部受创的病患康复。我们目前是个小企业，我们的年营业额约六位数。我们相信自己有很大的发展潜力：在美国，每45秒钟就有人中风。我们有自认为很强大的商业计划书，正在筹集资金。

艾伦：你需要什么来把握这个机会？

路易斯：我们有突破性的知识产权，但大部分还在马库斯的脑袋里。我们需要用云端软件和在线课程实现“产品化”。马库斯只有这么多的时间和精力。可以这么说，我们想释放出神灯精灵。

艾伦：主要的业务风险是什么？

路易斯：我们的主要风险是马库斯或他的知识产权没有得到足够的保护。

> 请坐下来和所有的团队成员及投资者说清楚三个问题：我必须拥有什么？我愿意做什么来得到它？我不能放弃什么？

艾伦：你要多少钱？

路易斯：我们定的目标是30万～50万美金。我们相信，有25万美元我们就可以正式开始，并把这个数字提高到安全的水平。

艾伦：这个金额可能太少了。有没有考虑过开发业务可能比你预计的要久一点？

路易斯：我想有可能。

艾伦：不过，这笔钱不多。融资发行不是一件小事，如果可以帮忙，不需要搞好多次。开始用别人的钱之前，50万到80万美金就可以了，最少25万美金也行。不需要花太大工夫，可以维持一年左右。从我的经验来看，大部分天使投资的第一轮都在70万美元到100万美元之间。你可能想从这个级别开始。

路易斯：也有人建议我们少要一点钱，因为我们希望尽量减少必须放弃的股份，如果我们要的资金太多，我们可能必须放弃很多股权。除非企业彻底崩溃，否则我们绝不会做出比现在更糟糕的交易。

也有人告诉我，说我们在规划集资构架的时候在第一轮少募一点，这样可以为接下来几轮创造市场。比方说，为第一轮的投资人提供折扣，让他们参加第二轮融资。

艾伦：在规划交易结构时也可以全部或部分以债务为主，而不是股权。这样你就可以避开不得不放弃公司很多股权这个问题了。

很多问题也取决于你们公司的整体愿景。如果你想成为价值500万美元的公司，这是一回事。你可以进行第一轮融资，然后让企业有机会成长壮大。如果你想成为一家年收入5000万美元或5亿美元的公司，那又是另一回事，那你就需要用到完全不同的投资策略，需要给投资人更慷慨的条件。有10%的机会成为5000万美元营收的公司，与有50%的机会成为500万营收的公司相比，还是前者更好。而你的目标是什么？

路易斯：我不能说我们已经完全清楚这一点。在年销售额500万美元时退出，对我来说不错。至于马库斯，他完全是任务驱动型的。这是他的激情所在。就企业营业收入或他银行账户里的美元而言，他并不这么想，他的目标是借助他的信息接触尽可能多的人。他积极开发业务，但并不是为了发展企业，而是为一种使命。

艾伦：谁对商业决策有最终决定权？

路易斯：我们还没写好，也没有针对正式权力架构达成一致，但这是马库斯的企业，其次才是我的事业。他是第一位，其他人都是一样的。

艾伦：看起来你已经同意你们至少希望成长为年营收500万美元的公司，那么第一轮融资的目标就要这么定。

路易斯：如果可能的话，我们可能宁愿在首轮之后自筹资金。这样会少些麻烦。

艾伦：在你出去要钱之前，我觉得你和马库斯需要搞清楚几件事情。首先，你们必须就公司达成共同的愿景。你们打算成为一家500万美元的公司呢，还是5000万美元或5亿美元的公司？这是为了达成一致的理想，至关重要。你们也要弄明白决策者是谁。谈这事儿可能比较尴尬，如果不讲事实而讲原则的话，达成共识非常容易，但从我的经验来看，在掀起心的轩然大波之前，最好把这事搞清楚。马库斯在关键业务决策方面是否拥有最终的权力？

路易斯：这事儿的确有。

艾伦：你觉得怎么样？

路易斯：我感觉很矛盾。马库斯的商业触觉超级棒，但与其说他是个商人，还不如说他是个医疗专家。理想的情况是这个角色由真正的企业家担任，对社会使命有完整的承诺。我的经历不一定适合这个位置。

我认为马库斯有最终决策权，他可以决定与我们的社会使命相关的哪些交易可以接受，哪些不可以接受。他可能不愿意跟某些企业合作。

艾伦：你们是一家有限责任公司。你们有运营协议没有啊？

路易斯：还没有详细的版本。

艾伦：你出去要钱之前还需要这样做。投资人想知道公司里谁负责做决定。如果出现僵局，你会怎么做？你们可能希望第三方担任当时的非正式仲裁员。这些应当写进《运营协议》。

你们也可能想重新审视所选择的组织形式。在有限责任公司中，所有权总是等于100%。新股东稀释现有股东的份额。C型公司[①]和S型公司[②]则有所不同。你们可以拥有已授权但尚未发行

---

① 译者注：C型公司是美国一种有限责任公司形式，美国国税局既会对C型公司本身征税又会对公司的股东成员征税，即中国常说的“双重征税”。C型公司的最大特点在于其股票可以上市交易。还需要按照州和联邦商法的规定进行一些例行公事，比如定期的董事会开会，正式的投票等等。

② 译者注：S型公司是美国另一种有限责任公司形式，仅对公司的成员征税而不会对公司本身征税。S公司常常被称为“内部拥有的公司”。这种类型的公司通常没有上市股票进行融资，并且更趋向于合伙的形式。S型公司的报税和合伙类似，直接以公司成员的个人名义报税。S公司也不需要例行公事，比如开会投票的规定。但是S公司的最大劣势在于其股票只能私人交易，不能进行IPO上市，因而极大地限制了S公司的发展规模。另外，S公司还有一个局限就是，其股东只能是美国税法意义上的美国居民。

的股票。这意味着你们可以稍后发行股票筹集新的资金，但不会稀释现有股东的份额。如果你们决定还是保留有限责任公司的身份，就必须在《运营协议》中写清楚如何进行稀释。可以用有限责任公司取得同样的结果，但有点复杂。

路易斯：我听到你说的是，出去找钱之前我们必须先把事情理顺。

艾伦：的确如此。这个例子不错，说明那些还在经营中的公司出去筹钱之前依然有工作要做。

路易斯：我暂时先来唱唱反调。我们还有个顾问对加入管理团队表达强烈的兴趣。他认为要达成共识，一个松散型协议就够了。他觉得设立从来不用的结构就是浪费宝贵的时间。

艾伦：你是说你们对这些重要问题并没有达成一致的意见。希望你能继续前进而这件事没有成为阻挠你的大问题，你正在碰运气，你也在玩火。

我的建议是在出错之前要提前做好计划，把它当作婚前协议来看。记住：你随时可以更改协议——当你与人意见不一致时，更改协议比达成协议要容易得多。至少当马库斯有最终决策权时你可以保护好自己。我这样说，是从公司顾问角度出发的，而不是以你的个人顾问身份而言的。作为商业组织，你得确保每个人都得到公平对待。如果他要走的方向你根本不同意，你会希望动用某种金色降落伞条款（美国聘用合同中公司控制权变动条款对高层管理人员进行补偿的规定），让你在离开公司的时候不会觉得痛苦或感到被利用。大体上来说，你得坐下来和所有的团队成员及投资人说清楚三个问题：我必须拥有什么？我愿意做什么来得到它？我不能做什么？回答这些问题时你必须深思熟虑、条理清晰。所有真正的诚意谈判就从这里开始。

路易斯：你可以说得更详细点吗？

艾伦：可以啊。只知道投资人想赚钱是不够的。他想赚多少钱？赚钱时间表是怎样的？也许他们希望自己的投资可以获得30倍回报，但如果他们可以早点拿到钱，少一点他们也可能愿意。这还可以催生出一套交易构架，用部分的营收来支付他们的投资报酬，这样不仅可以提前拿到报酬，还可以把回报上限定在投资金额的12倍或15倍。作为律师，我的工作是要写出能呈现各当事人意图的文件，得一开始就提供人们想要的准确信息。接下来的创意挑战就是把每一块拼图都拼好，尽可能给到大家各自想要的东西。起点就是发问。

路易斯：艾伦，我还有个问题。我一直不知道我们是不是一种混合型组织结构。在这种场景下，马库斯可以拥有知识产权，并将其授权许可给另外一家自己持有大部分股权的公司。这家单独的公司负责开发产品和市场营销等工作，理由是可以解决授权的问题。马库斯想完全控制自己的知识产权，但只要那些负责营销公司运营的商业人士坚守社会使命，马库斯的知识产权主要还是在他们这些人的手中。

艾伦：你要投资人投资哪家公司？

路易斯：获得授权的公司。

艾伦：我的建议是不要这么做。投资人想拥有知识产权，你会否认他们最看重的价值。如果有真正令人信服的原因，你也只想做混合形式。当你拥有一家以上的机构，成本增加，也更加复杂，你得有两套账。你要处理的合规事项翻倍。

路易斯：艾伦，我想解决的问题是，在出钱之前，马库斯和我必须理清一些基本问题。我们对公司的愿景是什么？事实上我们是否有共同的愿景？我们还要对决策权有明确的了解，包括解决围绕关键使命问题僵局的机制。这是第一阶段的事情。一旦这个问题得到控制，我们就要将注意力转移到构建产品方面。

艾伦：是的。你的情况跟很多社会企业一样的。看起来你好像准备好开始比赛了，然而马儿们还没全部各就各位。

帮我稳健地走下去吧：让投资人不要偏离我们的使命

组织名称：	影响力创造者
法律形式：	营利性（非股份制C型公司）
社会企业类型：	稳健者
经营活动：	为医疗界和政府提供管理和IT咨询服务
受访者：	迈克尔·皮伦（Michael Pirron）
职务：	创始人兼首席执行官
主要问题：	如果接受投资人，如何保留对社会使命的控制权

艾伦：迈克尔，告诉我你企业的情况。

迈克尔：影响力制造者是一家营利性非股份制C型公司。我们不同寻常的地方在于我们全部利润都归董事会选定的非营利性合作伙伴。实际上我们是以获得授权来做这件事的。

我们2006年底启动，发展迅速，实现有机增长。我们有信贷额度，但我们从来没有拿任何投资。我们去年的营收达到320万美元，2012年有望达到500万美元。我们现在需要流动资金，打算结束一轮股票式夹层债务发行活动，标的大约为50万美元，正好是我们需要的。我们公司的使命是实现社区价值的最大化。我们将百分之百的利润分配给我们的非营利性合作伙伴来实现我们的目标。我们还将最多十分之一的时间以无偿服务的形式贡献给了他们。

> 你希望设计有灵活性，
> 你希望有尽可能大的选择。

目前，我们看到公司有潜力发展成为价值5000万美元或更高的公司，但我们不清楚是不是可以不要投资人，以非股权类的公司进行经营。我们是否需要大幅度增加投资人？作为社会企业，这样做对吗？这个方向如何影响我们创造社区价值的能力？

艾伦：为什么你认为扩大规模可能会威胁到你的社会使命？

迈克尔：我们开始时有点像创新理念——创建一家营利性公司，通过挑选出来的本地非营利机构将所有利润交给社区。但现在我们的情况不一样了。一家年营业额5600万美元的类似公司最近以1亿美元的价格出售。如果我们要扩大到相似的规模，我们可以为我们的非营利性合作伙伴创造更多价值。如果我们有清偿事件，他们将会受益匪浅。如果我们增长十倍，我们也可以增加我们提供非营利合作伙伴的收益金额。但我们若以投资人身份这样做，代价就是会淡化我们对社区价值的专注程度。

艾伦：专门强调社区价值是否有商业价值呢？

迈克尔：有时候会让我们进入潜在客户的首席级别高管决策层。不过，这不是关键任务。

艾伦：重点在于这是你的商业模式，至少从实际的角度来看，是可选择的商业模式。迈克尔，我认为你说的是两件不同的事儿。首先，你的脑海里有关于你企业的“真正”概念。定义其核心身份时以所有利润如何流向你的各家非营利合作伙伴为准。

后来你在另一次谈话中说这主要与战略有关。探讨更大更纯还是更小更纯是否有意义呢？最终你得问自己，这两个完全不同的问题，你觉得相对而言对你各有多重要。你有没有因从严务实的原因准备放弃你成功的企业品牌形象，或者你觉得影响力制造所的核心身份完胜纯粹的实用主义？

迈克尔：你这样说的话答案就很清晰了。如果我真的想创造社区价值，我应该把身份认定为战略资产，灵活对待。同时，我们决不会牺牲我们对实现社区价值最大化的承诺。这一点毋庸置疑。也就是说，坚持要我们采用一种策略而非投资人来追求实现这个目标很不合常理，因为这实际上削弱了我们履行使命的能力。

艾伦：那么你看起来并不特别反对接纳投资人，如果在考虑为发展壮大融资时，你要好好考虑这点。你对于采取什么技术方法来实现这一目标有什么想法呢？

迈克尔：我倾向于成立共益企业，并把所有权转让给基金会。

艾伦：你的外部投资人是少数股东吗？

迈克尔：是的。

艾伦：这种方法没什么问题，但也有一些难度。如果外部投资人拥有公司运营方面的权利，可能会影响关键业务决策。最终你会发现自己不再拥有多数控股权。发生这种情况时，你打算把所有利润送给社区的承诺就得对那些说“我们现在想做不同事情”的投资人妥协。你可能没法阻止这种情况的发生。

迈克尔：从战术上讲，有没有办法阻止这种情况的发生？也许走优先股路线，提供适度的股息，但没有投票权？

艾伦：这都是战术上的选择，我们会探讨其中一些战术。至于走优先股路线，有利有弊。适度的红利并不像贷款那样繁重，但就现金流管理而言，最好不要让投资人承担持续的金融债务。不过，在这种情况下，将来某个时候你需要为他们提供一个引人注目的发薪日。

迈克尔：也就是某种套现，对吗？

艾伦：没有必要。你也可以在保持企业运转的同时回购投资人的股份。这里有中间立场可以考虑：将其视为临时股权。有段时间，纽曼基金会的情况跟你的不一样，有时推出之后它接受股权投资人，它一直承诺100%的利润来源。现在已经不可能了。解决方案在于发行自溶股份。借助这类结构，公司承诺给股东的投资回报上限。公司付给投资人的每一笔款都是为了偿还这笔债务。付的款可能看起来像股息，但从技术上来说，并不是因为股息不影响股权，看起来股息像是用来回购股票。假设你承诺给投资人的投资回报率为10倍，某人投资了10万美元。他打算赚100万美元，由你用利润来偿还——你得在认购协议中设定好时间参数。最后，你按相当低的资金成本获得了运营资本，你重回掌握自己命运的理想位置。你不用再担心股东让公司驶离你设定的社区价值最大化的使命。

迈克尔：要是我们不回购呢？

艾伦：一般来说，你的股份制公司由基金持有绝大部分权益，投资人持有少数股权。这种情形不可怕。

迈克尔：我们需要为投资人制订具有吸引力的方案。

艾伦：魔鬼存在于细节之中。你要让投资人觉得有足够的吸引力，想进入董事会，但别太有吸引力，要不然，太麻烦了没法做生意。很多时候取决于你要找的投资人的类型。你可能会尽最大努力为欣赏你的使命、价值观一致的投资人服务。这样的话，他们更容易接受投资回报上限。理想的投资人不会坚持短期回报，所以只要有可能，你都可以灵活地推迟回购时间，或不进行回购。你业绩强劲，前景不错，我希望你可以找到这些投资人。

迈克尔：我想成立一个共益企业。我们公司所在的弗吉尼亚州刚通过共益企业立法。

艾伦：这就好办了。基金会可以持有所有这些股份。如果出现清偿事件，除了股息，一大笔钱只会流入基金会。纳税义务方面没有任何变化。

尽管如此，还是有一件事：共益企业身份更难吸引投资。大多数投资人不知道什么是共益企业。这就产生不确定性，而不确定性被视为风险，完全以营利为导向的投资人也会犹豫不决。

迈克尔：这种风险有多大？

艾伦：在这点上大家只能推测。共益企业出现的时间并不长，不足以留下有意义的成功记录。就我个人而言，我怀疑共益企业身份更难吸引投资。其他人不同意。

迈克尔：我只考虑做个共益企业。

艾伦：这就是获利的办法。就排序而言，你可能想转成共益企业，一开始就让基金会全额持有。这可能是接近潜在投资人的框架。

迈克尔：这个方向开辟了投资之外的可能性，很有意思。借助这种结构，基金会将产生价值——投资给影响力所制造的价值。之后，我们可以借用这个抵押品。我并没完全致力于追求股权而非寻求债务。

艾伦：你也可以向自己的非营利性合作伙伴授予股权。通过这种方式，你可以向他们支付股息，要么代替许可费，要么作为许可费的补充。非营利性机构无须支付这类股息，所以实际上会提升你所创建的社区价值。

你希望设计有灵活性——你希望有尽可能大的选择。这种方法得分最高。

迈克尔：迄今为止，我们用过的方法是纯粹主义者模式，但也限制了我们的发展。为了实现社会使命，我宁愿成为价值1亿美元的公司，每年支付1500万美元，有一个3亿美元的基金会，哪怕这意味着需要增加其他类型的利害关系人，哪怕管理类会变得更加复杂。我关心的问题是，我是否会打开了潘多拉的魔盒，用一个盒子换另一个。

艾伦：这就是现实，迈克尔，做生意天生就有风险。如果你承担债务，你的现金流负担就会增加。如果你使用股权，你可能面对的是与遗留问题和控制权有关的问题。如果你两者都不要，你又限制了自己未来的发展。你不可能完全消除风险。你最有盼头的是明智的选择——可以保持低风险的巧妙组织架构。

走出冷遇角落的改造者

组织名称：	科因诺尼亚基金会/八大湖基本必需品公司
法律形式：	科因诺尼亚是一家非营利机构。八大湖基本必需品公司是一家营利性公司，保证其利润捐赠给科因诺尼亚基金会。

社会企业类型：　非营利和营利性混合企业

经营活动：　科因诺尼亚基金会致力于改善发展中国家女性受教育的程度，并通过创业为女性赋能。八大湖基本必需品公司研发配送的产品专为金字塔经济底层人民设计。

受访者：　安德鲁·威廉斯（Andrew Williams）

职务：　科因诺尼亚基金会会长，八大湖基本必需品公司总裁。

主要问题：　保证投资资本安全，促进八大湖基本必需品公司的发展。

艾伦：介绍下你自己和你的企业。

安德鲁：我爸以前是医生，他放弃了生意兴隆的家族生意，开办了科因诺尼亚医疗中心，为我老家密歇根州马斯基根的穷人提供低价医疗服务，几乎都是免费的。在经营科因诺尼亚医疗中心的同时，他还是传教士，热衷医疗的慈善家，为贫穷国家提供服务的慈善家。他为此劳心劳力，最后在2004年创办了科因诺尼亚基金会。基金会现在由我负责。我们开发了一些产品，包括太阳能感应灯和家用水处理器，我们成立了一些公司来生产这些产品，然后放到新的实体八大湖基本必需品公司旗下，再卖给发展中国家那些金字塔底部的穷人。

艾伦：你为什么想跟我聊一聊？

安德鲁：因为你是社会企业方面的律师。我们一直埋头苦干，自己在摸索，这个领域也没有什么参考例子，了解这个领域的人也不多，毕竟看起来是个自发的新兴领域。我先这么说吧：社会企业的定义是什么？这个领域得到认可了吗？社会企业有什么样的分量？

艾伦：社会企业还没有获得普遍认同的定义。卡尔和我写了一本书，以社会企业家的动机为前提，不过这是我们给出的定义，不是世界公认的定义。在我的实践中，我代表了很多利用市场导向战略寻求创收的非营利机构，我也代表了很多有社会使命的营利型公司。在传统法理学中，非营利机构若不把社会使命放在第一位，其董事会会被起诉，而营利机构的董事会则可能因不谋求利润的最大化而遭到起诉。若纯粹的营利模式或非营利模式都不理想，两者之间还有空间。我帮人设立混合型组织架构，在这个组织内，生意和非营利性运营可以并驾齐驱。这类混合型机构可选择共享管理层和办公设施。在规划和管治方面，尽管注重某些手续至关重要，但也可以像单一机构一样运营。

> 如果你的公司有财力，也有良好的社会使命感，吸引到的人知道自己所做善事是投资回报之一。

安德鲁：你说的就是我们的情况，我们就是一家混合型机构。

艾伦：社会企业试图在追求社会使命的同时实现营利。就实际做法而言可能性很多。

安德鲁：我们试着尽量把科因诺尼亚基金会跟营利机构八大湖基本必需品公司分开，这就有双重底线定位——其社会使命跟其营利定位一样重要。目前还是由家族运营。每个人我都认识。我打算筹钱针对我们研发的产品扩大产能，以经济金字塔塔底的人群为目标用户。我们关心的是，如果接受投资人或上市，要怎样保护我们的社会使命？如果我们这样做，公司的架构是否可以绝对确保我们的社会使命？

艾伦：要保护好你的社会使命可做的事情很多，但这个世界充满了惊喜，谁也没法保证。最近，一位优秀的社会企业家被踢出曾经属于他的公司，因为他主张太多社会使命的活动，超出了董事会愿意接受的范围。这种事总会发生。

对此，法律并不只是你想象中的老一套。虽然营利性公司从法律上讲必须尝试利润最大化，但董事会实际上有很大的回旋余地。首先，公认的司法原则是法院不应再次猜测最终无须实现利润最大化的合理商业决策。其次，美国大约30个州已通过了《企业利害关系人条款》，允许公司董事会考虑对股权所有人以外的利益相关者带来的影响。

在某种程度上，你可以在内部文件中保护自己，例如正式授权董事会追求社会使命。如果你把这事儿写入股东协议，那就相当有力了。不过这也不是铜墙铁壁。要是董事会想做点啥，那种能产生巨大的社会影响力，但在一段重要时间内却可能没有利润的事情呢？不清楚出现这种情况时，董事会是否还会受到保护？

你也可以注册一个共益企业。即使密歇根州没有这样的法规，你也可以选择在其他地方成立一个共益企业，然后把总部设在密歇根州，以这种方式开展业务。这是一种新的公司形式，为各董事给予社会使命同等重视设立了需要积极履行的义务。共益企业目前还没有判例法，所以我们也真不知道这种企业在允许和禁止的行为方面会怎样发挥作用。

共益企业的缺点在于它们可能会拒绝一些投资人，这些投资人并不了解他们是做什么的，可能还会认为他们在做一件风险较高的事情。

安德鲁：这跟我们的情况非常相关，因为我们正在寻找资金。我们会考虑政府机构、风险投资机构和天使投资人。我关心的与退出策略有关。因为我们的社会使命，我们不能随意把控制权交给别人。我们必须保留控制权。就算我以后不在这儿了，公司的使命也要依然保持如初。但我不知道自己能否让人赞同这个提议。“我很乐意拿你们的钱，听你们的建议，不过我想保留最终的话语权。”我知道，这对于风险投资人是个问题，因为他们自然而然希望拿51%的股份。

艾伦：我会避开风险投资公司的。对他们而言，控制权是没法妥协的。

我们还有其他选择。还有些相对较小却发展迅速的社会资本市场，这里的人更容易接受你提供的东西，他们不会把做善事与赚钱之间割裂开来。有些投资基金是在找那种带有社会目标的公司——如果社会使命并不会削弱商业模式的话，他们不会不惜代价地寻求优惠条件。你们显然符合这个标准。

安德鲁：我们写商业计划书的时候就决定不去找风投。

艾伦：听起来好像这个问题不是围绕如何保留个人控制权，而是围绕确保社会使命不以牺牲利润最大化为前提。我说过，一个办法是找到赞成你们社会使命的投资人来做这事儿。当然还有些其他方法。你可以发行一种特殊类型的股票，发给那些你坚信会捍卫社会使命的人士，并要求这些有资格对决策投票表决的人同意会从根本上改变公司。还有一种方法就是把科因诺尼亚基金会变成这些股份的唯一持有人。

降低风险的另一种方法是构建投资条款，以便投资人可以尽快获得回报。他们可以选择自己更喜欢的，什么样的投资人不喜欢早点拿回自己的钱？对你的好处是，如果他们得到回报，他们的股权份额会减少，这意味着他们控制决策的能力也会降低。

另一种策略涉及赎回权，授权您在某个时间点以特定价格从投资人那里回购股权。

到目前为止，我们已经讲清楚了这三种策略：一、找到愿意支持你们的投资人；二、创建特殊种类的股票，保护自己的社会使命；三、利用各种策略逐步清理掉潜在的“危险”投资人。

安德鲁：政府支持呢？联邦层面对我们有什么支持吗？

艾伦：没有。有些小额商业贷款之类，但不适合社会企业。我希望未来几年这种情况会有所改变。本地层面有些事情正在发生。例如，费城就对那些有共益企业证书的组织予以税收抵免。还会有更多这种事情，因为明智的政府官员希望给那些有效解决问题的组织提供奖励，因为传统意义上来说，解决这些问题是公共部门的责任。

安德鲁：我对于把营利企业的所有权和董事会席位给基金会这个想法挺感兴趣。你觉得潜在投资人会怎么看待这个问题？

艾伦：得看投资人。一般来说，投资人并不想放弃控制权。传统投资人一般都会这样，因为他们想保护好自己的财务投资。有了社会投资人，也可以确保社会使命不偏离轨道。

在许多方面，我所说的与创始人希望保护其控制权的传统企业发生的情况并没有什么不同。有很多种方法可以做到，比如毒丸计划，减少公司对不受欢迎的潜在买家的吸引力。

安德鲁：除了毒丸计划，还有其他办法吗？

艾伦：有其他选择，你可以把股权转为债务。你可以限制外部董事的管治权。你可以要求各创始人同意那些能够对社会使命带来实质性影响的重要决策。

这里有两种不同的问题。首先，你可以尝试把社会使命融入企业的DNA。你可以采用一种很难改变社会使命的方法来行事，但你不能让这事变得不可能。如果你进得去，你就要出得来。其次，你可以尝试保留控制权来保护社会使命。最终说来，这种保留控制权的做法，才是对你最好的保护，尤其是你所在的州通过了《利害关系人条款》。

你也想保证从一开始就对投资人做充分的披露。如果你把自己对社会使命的承诺写入招股书，则投资人很难转身说“我不同意这事儿”。如果公司与股东之间的私募协议并不存在欺诈，法院往往会尊重这样的协议。

我又要说，我知道自己又说了一遍，你要找富有同情心的投资人。如果你公司有财力，也有良好的社会使命感，吸引到的人知道自己所做善事是投资回报之一。我强烈推荐你们参加诸如社会风险投资网络等组织，你们会在那里遇到这类人。在那里，你会遇到整个社区的人。你可以在网上找到他们，也可以在面对面的聚会中与之相遇。

安德鲁：谢谢你，艾伦。真是太有用了，无论是实践指导和一般性的问题方面都让我受益匪浅。我们很难找到那些具备专业知识，能够解决我们一直遭遇问题的人才。很高兴得知不用再做无用功了，那里有志趣相投的人士，很高兴知道还有其他人跟我一样对此着迷。

对，我们着迷了。也推荐这么做。

关于社会企业机制的探讨，我们就谈到这里。希望你现在知道如何处理与目的、财力和人力有关的关键问题。不过，成功不仅仅是你所做事情的作用，也取决于你是谁。

接下来：社会企业的内在博弈。

第三部分
社会禅型企业家

SECTION THREE
The Social Zentrepreneur

第八章

社会企业的“力”与“气”

让·鲍德里亚（哲学家和社会学家）：
“情况永远都一样：一旦你获得解放，
就会被迫追问自己是谁。”

本章要谈的，是我们告诉自己的故事。或者，从你身上所有的“之后的”情况来说，是一个关于我们告诉自己的所有故事的故事。更准确地说，是关于知晓我们不假思索便接受的传承文化论述，与我们事前主动选择的说法之间的差异的重要性，而这类认知可以帮助我们决定自我价值观与自我认知。这里讨论的是虚伪认同与真相认同，接受到的信念与真正的智慧之间的对比，以及这样的对比对社会企业家和领导而言有何意义。

但最重要的是，就像道教的观点一样，这个说法有两股恒常相互作用的力量。我们在这里指的不是大家耳熟能详的阴与阳，而是“气”（能量）与“力”（架构）。“气”永远以“力”为容器，除非你恰好是颗原子弹，那就另当别论，而我们假设你不是。就像爱与婚姻，二者缺一不可，无爱便无美满的婚姻。

越是初创企业，越容易以“气”为主，也就是能量。之后，随着企业成长，架构变得越来越重要。“气”开始被引导，被限制，有时候甚至变得僵化。因此，对于初创企业要面对的挑战是谨慎地选择发展架构，也就是我们所说的“力”，将脱缰野马的活力纳入其中，至于成熟的企业，其挑战则是支持构架所需的各种创意能量。

企业家在“气”方面都是专家，但不太擅长“力”。正因如此，他们一般在企业初创环境下蓬勃发展，到了该巩固成就之时，通常需要引入运营方面的专家。

西方企业文化，目前大致是全球商业文化的同义词，对于“气”和“力”的相对价值，是最近十年才经历的巨大转变。曾经，几乎可以追溯到互联网诞生之前，高水平的“力”被认为是企业成功的基础。组织规模越大，越勤奋，成功机会越大。从个别高管层次来看这一点也成立。那是一个“组织人的时代”（而且通常都是男人），这些组织人的主要技能就是遵守规则。

然后情况改变了。长期以来，个人创意（也可以说是原子弹里面的原子）超越架构，成为企业成功的原动力。IBM公司（蓝色巨人，架构制度齐全的公司）在对抗苹果公司时，后者喊出了充满创意令人难以忘怀的口号“不同凡想”。在这场持久对抗中，可以看到不同心态之间竞争的极致表现。我们都知道最后谁赢了。虽然两家公司的财务上都表现得很不错，但苹果的理念还是赢了。

由于过去这些年的情势发展再加上其英年早逝，苹果公司的乔布斯被很多人神化了。如果抛开杂音深入研究，你会发现推崇乔布斯主要有两个原因：第一是在“力”当道的时候他引领了“气”的崛起，之后，又成为整合“力”与“气”的大师。乔布斯是一位具有开创精神的思想家，也是毫不妥协的完美主义者；他是产品艺术家乔布斯，也是让公司起死回生、意志坚强的高管乔布斯。乔布斯是天生颠覆者。乔布斯是整合大师。你想全面了解他？去读《乔布斯传》吧。

就像许多领袖一样，除了天分与魅力，乔布斯也胜在天时地利人和。在他盛年之时，一系列深刻的文化变革与技术革新带来了等级观念的分崩离析，同时，一种理念又获新生，认为无论是独立运作还是与人合作，个人都拥有被压制过的巨大力量。柏林墙倒了，互联网崛起了，它各式各样的衍生物也出现了，开放源代码运动、众包、社交媒体、自费出版纷纷登场。阿拉伯之春运动爆发了。这一切呼应的都是同一个原则：“气”压倒了

"力"，在这个时候，"气"以创意型自我表达的形式出现了。结果，不管是个体层面，还是更多地从集体层面来说，人，才是真正炫酷、真正帅爆的因素。人们对于构架（新的，更加扁平的"力"）的需求，只是用来赋能。

实质上来说，这便是企业家的时代。这是个不受约束的"气"的时代。当然，这个令人振奋的好消息中也有矛盾的一面。虽然目前个体的自我表达明显胜过群体服从，但企业家们却鲜见地遇到更加严苛的政治经济阻碍。我们都知道资金紧缩到什么程度，也知道中产阶级正在消失。比起过去，企业家们更需要掌握某些秘方才能有所成就。这给我们带来更多好消息：假设他们将社会使命巧妙地融入其经营策略之中，社会企业家以社会使命的形式建立起了差异化。

总之，我们可以说创业精神的重点在于"表现"，在于提取出独一无二的、强大的、充满激情的自己，也就是你独特的"气场"，用这一点为这个世界带来新奇大胆的事物。你必须做好你自己：最好、最聪明的自己。你要如何发现这个自己，怎样应用这个自己？你要提供什么样的支持让自我正确地表现出来？你要怎样巧妙地回应真相世界里面不可避免的反馈（和挫折）？这些就是本章要探讨的主题。

至于我们为什么用"禅意型企业家"这个说法，主要的理由如下：禅，既是灵性的修炼也是生活的艺术。禅教导人们两件事情：如何消除幻觉，如何与万事万物的本体和谐共存。创办社会企业也需要类似的技巧，只是不需要禅抽象的表象。首先，社会企业家必须远离那些虚妄假说，这些虚妄之词试图阻止他们接触最好和最明智的自己，其次，社会企业家必须以充满智慧的方式入世，引导那个最好最明智的自己进入凡尘俗世。从这个层面来说，技艺娴熟的社会企业家也是一位社会禅意创业家。

本章的重点放在挑战的第一部分：消除幻觉。人类对文化真相的吸收仿佛吸吮母乳一般。不管这些模因是否成立，都成为我们认知的基础，是我们视为理所当然的真相，除非我们另行判断并非如此。

当然，在某种程度上，这是显而易见的事情。我们都知道我们继承了父母传承下来的真相和更广阔的文化的真相。但有些事不是那么明显，比方说，第一，要把真正的自我从我们接收到的说法里面的那个自我当中分离出来，到底有多困难？文化中的虚幻，就像《虎胆龙威》里面的布鲁斯•威利斯一样死硬。

其次，每当主流说法出现，最后必定会有一套相反的说法占据风头。就像许多社会企业家说的那样，如果你是那种喜欢力排众议的人，你很可能受到那些另类说法的吸引。不过，不一样的说法不见得就是明智的或正确的说法。说到底，我们必须选择自己的故事，而不是让故事来挑选我们。

要真正了解社会企业（或其他事情，都一样重要！），我们必须拥有自由的心灵，才有可能做出最好的选择。我们从这个故事借用一小点，从那个故事借用一小点，拼起来，一直拼出对我们来说更真实更深刻的作品。最有效和最真实的故事是一体的，不可或缺，也是从现有说法中拼凑而成的鲜活真相。

在本章中，我们要探讨其中四种说法是如何发挥作用的。其中两种是主流，另外两种算另类。

和企业相关的主流迷思

真正“成功”的企业，要以其规模和无情程度来定义。我们怎么知道这个？因为我们的文化是这样告诉我们的。

越大越好

首先，人类是哺乳动物，也是群居动物。其结果是我们能够敏锐地感知到谁是老大谁是老二，谁是主宰，谁得服从。另一个结果是：我们倾向于假设越大代表越有力量。体形越大，代表越有肌肉，肌肉越多，代表越没人能阻止你挑选食物和拥有其他特权。

作为一种文化，我们也接受了这种出于动物本能的体形规模看法，并投射到各种场景中去，包括商业。在商界，我们第一个冲动就是要根据营收规模来定义一家公司：“营收1.5亿美元的美国七世代公司”，“营收1240亿美元的美国电话电报公司（AT&T）”。新闻界这样的传统是有理由的。新闻记者要用最少的字表达最丰富的内涵，这种写法正好可以提供短平快的印象，让人一眼看出一个公司在商界强弱顺序中的地位。然而这也不太合乎逻辑。就算是最主流的商业人士也会说利润是更准确的成功指标，但这里却在用营收作为标准。这不合情理，但如果你注意到我们哺乳动物会用体形规模作为地位和权力的第一衡量指标，你就会理解这一点了。出于越大越好的偏见，我们的文化赋予跨国企业精英的地位，而跨国企业是我们这个时代的企业大怪兽。说它们是公司，还不如说它们是“宫廷”，这些人就好比是法国传奇太阳王路易十四时代在凡尔赛宫嬉闹作乐，引领全球文化的贵族阶层的后代。大公司就是一流的机构，是伟大人类中最伟大的。

每个动作都有力量相同、方向相反的反作用力，我们当然也清楚这一点。我们都知道凡尔赛贵族们最后的结局是什么，“断头”二字可否让你想起点什么？在跨国公司精英那里，我们也看到越来越多的和以前一样的群情激愤。大企业现在被形容成无情的魔鬼，成为对以前“企业精英”说法的一种对抗，过去大企业没那么让人失望的时代，企业精英曾经占主导地位。

同样的动态也出现在“本地”这个概念上。本地人拥有的，没有多大志向的小企业，过去被视为商业中的劳动阶级。跟那些在大企业里的密切互动的贵族阶级相比，小企业值得尊敬，但地位不高，“本地”是小团体，“全国性”和“全球”才是主流。

这类认知也在快速发生变化。离家近已经越来越被视为非常重要的解决方案，用来对抗全球企业对环境和社会的蹂躏；在对抗邪恶精英这场恶战中，当地企业家扮演起先头部队的英雄角色。这场“越小越好”的活动，是针对长久以来有文化影响力的“越大越好”的反应。

本书两位作者对此持什么观点呢？如果你们知道了我们支持本地企业，反对跨国企业的违规行为，也不会让你们震惊的。不过，虽然我们不见得相信越大就一定越好，但也不是越大就越坏。要不要变大是一种选择。

社会企业家渴望公司规模扩大是有道理的。要有大的社会影响力，最好的办法就是成为大公司；要获得更大的影响力，最好的办法就是成为更大的公司。像沃尔玛这种超级大公司（2011年的利润就达154亿美元），当它们的货架加倍采购本地货品（这是2010年底宣布的一项新政策）[1]，你可以想到一夜之间当地市场动态基本上就会出现大变动。

同时，无论是行事风格还是企图心，谦逊都是美德。不管著名词曲创作人梅尔·布鲁克斯（Mel Brooks）在歌词里面把帝王形容得多棒，不见得每个人都想当皇帝。我们都是彼此的榜样和导师。如何让社群满意，可以谈的还有很多。

我们在此借用一下约翰·列侬说过的话：想象一下，有一个世界，人们不把幸福与财富、权力和地位画上等号。这样不是更能让人获得心灵的平静吗？这样不就没那么多人血溅四处一路朝上爬吗？这样不就没那么冷酷无情了吗（或者我们假设可以看到更多仁慈之心）？

当社会企业家不去追求规模，当他们暗中宣布“小也很美，我们拥有屋瓦遮顶，有亲朋好友，有族群，有干净的良心，已然足矣”，这代表着他们已经为这个世界做出了实质的贡献。

因此，在回答“规模重不重要”这个永远都会出现的问题时，我们的答案是：重要！绝对很重要！不过，不是一定要变大才能做善事。说到底，重点在于你是什么样的人，你想怎样展示自己。

不是越大就越好，也不是越大就越坏。变大只是一种选择。

越无情越好

这种说法累积出一股强大的动力，成就了一个美好（也不是太美好）的世纪。20世纪初，一个名为泰勒主义的科学管理学派（这个名称来自其创始人弗雷德里克·泰勒）开始把商业流程变得更有效率。其概念挺有意思：采用科学的方法，把冷静的分析推理运用到本质就松散的人才管理业务，比起被类似传统和同情心等传统概念挡道的人而言，你能够获得明确的竞争优势。泰勒主义的鼎盛时期从1910年到1920年，但其效率模因被释放到了商界，并一直伴随着我们，从流水线到杠杆收购等各种事情都可以看到泰勒主义。如果《绿野仙踪》里面的铁皮人是一家在全球各地都有办事处的跨国企业的首席执行官，他不会因为没有一颗心而抱怨——他会把它当作一种生意必需品。

基本概念（通过调整自己的心灵，在商业上做得更好）出现在商业惯例和文化叙述中，这些概念多得不计其数。

好人总是垫底。这句话最早是20世纪50年代棒球经理人利奥•杜罗奇尔（Leo Durocher）说的，放到今天仍有意义。这句话接受了社会达尔文主义者的观点，即这个世界弱肉强食，适者生存。这里面有几分道理，将这个概念听到心里面去的人尤其如此。不过这既不是自然法则也不是商业规则。正如我们看到的那样，诸如忠诚、利他等美德，都是强大的演化资产。现在，越来越多的演化生物学家接受这样的观点，而且如果这还不足以说服你，那就问问海军陆战队弟兄的想法，他们讲求团队合作，愿意为队友牺牲自己的生命。

我们都是机器。当我本人（卡尔）十几岁的时候，我的网球打得很好。某次全国巡回锦标赛的一个瞬间，我直到今日还记忆犹新。当时我在看一场比赛，其中一名选手是挤进全国青少年排名的球员。他遇到比想象中更顽强的抵抗，于是他激励自己，并喊出这句话："加油，机器！"虽然那时候我不知道该怎么说，但现在我懂了，在这句话，藏着一百年的文化适应过程。如果你可以把人性的脆弱先放一边，自动开启整个流程，你就攻无不克，战无不胜。这句话更多是主流的观点，也就是一个企业想成功要有哪些因素，不管你的规模多大。加油，机器！

金钱是衡量成功的唯一指标。如果你搭乘时光机器回到美国独立革命时期，刚好碰到爱国人士保罗•列维尔（Paul Revere），你问他，最快的交通方式是什么，他肯定会鄙视地瞪着你说："当然是骑马。"好像在说，这有什么好问的？问起衡量企业的指标，很多人也会这样翻白眼。成功当然是以量化的财务指标来定义的，比如营收与利润。还能有别的吗？不过数字是抽象的，在抽象的领域里，就没有心的什么事儿了。哪怕是最残忍的统计数字，二战时期死了六千多万人，也只能勾起淡淡一抹阴影，比不上街头车祸现场两三具尸体身首异处带来的震撼。现在，金钱不过是电脑网络里面一堆数字符号，财务指标与人心的距离更是远上加远，变成抽象中的抽象。

企业是在人性舞台上的演出。企业带来了希望也伤透了人心，企业让人愉悦也令人绝望。当我们把企业业绩浓缩成数字，现实世界里面的影响也就都被抽离了。我们能留下的东西更少了，更准确地说，留住的，是无情的东西。我们剩下的只有抽象事物提供的冰冷的慰藉，从过往记录看来，人们越来越容易做出冷酷无情的事情。

社会使命对企业没有好处。一般世俗看法必然推论出金钱是衡量成功的唯一标准，社会使命是阻碍生产力的干扰因素。如果无情更好，既然社会使命一般与人心有关，社会使命有什么用呢？怀有社会使命就会成为一种背叛，也是一种管理层无能的表现：你需要超级有效率才能胜出，你的社会企业在耗费资源。

成立社会企业的前提则正好相反，企业需要爱心。不仅如此，企业因为爱心而蓬勃发展。实际上，整个社会企业，或者说企业界，都可以被看作是一场声势浩大的基层运动，证明你也可以借由把助人当作主要使命而在企业界有所表现。是的，就是这样，多谢理解。因此，社会企业家也可以身兼多职。这是一项建设性的工作：他们正在打造一种反思。我们可以把社会企业想象成《绿野仙踪》里面没有心的铁皮人，我们要帮企业找一颗心。

> 无情不一定更好。无情是疏远型策略。通过“左寻正确大脑，右找正确使命”，社会企业家才能将服务的热情与理性分析的工具结合在一起。

这项工作不是替代性的，而是附加的，也是另一种漂亮的说法，形容社会企业家不是用感性来取代理性，而是要整合两者。[①]在《绿野仙踪》里面，只有当主人公多萝西盟友铁皮人、稻草人和胆小的狮子分别找到心、找到脑子和勇气，她才能胜利完成她的使命：回家。社会企业也是如此。

对力量和领导力的相反说明

经营企业的正确方法很多，抵抗传统偏见的嚷嚷也有很多适当的方法。我们怎么知道这些事？同样，我们的文化是这样告诉我们的。

① 不是每家社会企业都是感性的，例如美国国土安全部应用科学基金会。不过绝大多数都是这样的。

对力量的渴望是一大问题

力量：现在就是一个强大的话题。力量在我们很多人心里掀起了强烈的感受，或者更准确地说，唤起了人内在的兽性。力量告诉我们谁高谁低，谁可以获得资源，谁必须俯首称臣，谁可以八面威风，还有“赋予力量”（这倒是好事）及“施展力量”（唉！）。

因为力量很容易让人激动，人们花了很多时间去猜测谁在我之上与谁在我之下的负面特征，这也是我们人类管理威胁性情绪的办法。“那百分之一的人是恶魔。”“靠福利生活的人都不想工作。”他们要么都是冷漠的怪人，要么都是懒鬼。

我们也会猜测哪些是正面的特征，并将其进行最大的理想化。八卦小报《国民问询报》到处是半人半神后代的故事，比如说布莱德·皮特和安吉丽娜·朱莉是宙斯和赫拉在人间的代言人，以人类的形象留在这个世间。至于那些倾向于把完美投射到下面的人，则得出了劳动阶级英雄的神话。

政客经常对力量和阶级采取以不变应万变的政策。左派的人通常对上位者发难，右派则瞄准下位者。如果任由政客去猜想，那么就会演变成蛊惑人心的事情。

关于力量的主流说法认为，投入战斗，获得胜利，力量是不可或缺的，实际上是非常理想的因素。是的，力量要遵守规则，你必须是文明人，像性虐待和暴力折磨这些事情就太过分了。力量非常重要，非常强大，追逐力量是人类的天性，但愿最有力量的人脱颖而出。

现在来听听相反的说法：对力量的渴望是大多数（如果是全

部的话）邪恶的根源，应当避免。这种说法并不是建立在对历史虚幻不真实的看法之上，人类的历史充满暴力与苦难的传说，主角就是那些试图压制彼此，登顶求胜称王的人（很少是为了成为女王）。

可想而知，这种反驳会吸引那些做善事的人和其他理想主义者。在一个受到不平等影响的世界里，自然而然会渴望一种扁平式的社会等级结构，或至少是比现在更扁平一点的社会等级，在这里，关爱关怀彼此的渴望胜过主导他人的渴望，没有压迫者，也没有被压迫者。这是耶稣的愿景《圣经》说，温柔的人有福了，因为他们必承受地土），而且这也是无神论共产主义者的梦想。

如果人们能压制想追求力量的念头，这个世界会变成一个更友善、更温柔的地方，这个概念也反映在所谓的“新时代好男人”（SNAG）个性特质上面。摒弃那股充满活力向前冲的力量，你会塑造出一种新的后沙文主义版本的男子气概，将凶猛的大狮子变成温柔的小绵羊，而且，说不定这还能吸引到有魅力的女性呢。

这两种说法都不对。你无法抛开想获得力量的念头，就像你无法抹去性冲动和人终将死亡的事实。这些都是我们之所以为人的一部分。力量很性感——都是进化犯的错。

这也是为什么说新时代好男人这种世界观也是被误导了：因为想获得力量这件事根本不是问题本身。只有当人类在变态地施展力量之时，力量才会成为问题，就像要把我努力向上爬解释为非得把你踩到脚下。新派好男人使用力量并不能解决问题；他们只会制造新的问题。就像性欲一样，对力量的渴望是无法被压制的，只能重新引导，而且这种渴望出现之时，通常都是以一种纠结、肮脏的方式出现的。人们也会变态地压制权力。

在传统的追逐力量之路与成为新派好男人的道路中间还有另一条路。首先，要了解力量是个颇为复杂的主题，有很多不同的层面。力量阳刚的一面，勇往直前，杀伐果断，力量阴柔的一面，也会滋养爱护，敏悟接纳。而这两者只是开端。心理学家詹姆士·希尔曼就找出了二十四种力量。[①]

这也意味着承认力量的重点并不是将权力凌驾于他人之上，而是施加给自己。这是我们一辈子的奋斗，也许是重要的挑战，不过这也很有意思。我们当中有多少人能够完全成功克服自己的恐惧、焦虑和想逃离当下的冲动？首先而且最重要的是，力量并不是我们施加到他人身上的东西，而是我们在自己的内在里培养的东西。

对自我施加的力量有很多种：

认识自己的力量：这种力量让我们有能力斩断对自己的不实叙述，了解真正的自己，只需要一点点的关爱就可以实现。有了认识自己的力量，可以帮助我们了解何时应该强硬，何时应该服软。必要时，认识自我的力量让我们知道何时应该打不还手，骂不还口。

勇气：勇气不只是在面对致命危险时表现得勇敢的能力，勇气还包括心怀同情的勇气，爱的勇气，以及因为我们相信他们有利于造福更多人，而在必要时采取不受欢迎的行动的勇气。

智慧：面对人生的挑战，包括死亡在内，没有什么比镇静更有力量了。或者我们可以说，没有什么比镇静更能激励人心。

---

① 对希尔曼而言，力量支持我们去摆脱旧的身份，去思考一个人的行为对世界和对后代有哪些更广泛的影响。

协调：武术训练人们如何充分展示自我，他们教授的是协调的艺术，因此，武术大师被誉为真正的强者。

不用说，力量也并不尽在人的内心。力量也有其社会性维度，而且对社会有巨大的影响力。可惜，我们的新闻头条充斥着名人们莫名其妙的行径。如果这些人的机敏等同于影响力，世界将会变成更加美好的人间。如果他们拥有智慧不是更好吗？身为社会企业家，如果能和我们想获得力量的意志建立起一种健康、自在、主动的关系，对我们就最有力，我们就能用这股力量为社会使命服务。

你让路，你引导

在好莱坞电影中大男人气概的推波助澜下，美国文化鼓励我们把力量与兰博这类有阳刚之气的形象联系在一起。力量代表坚硬如铁的腹肌，扫射坏人眼睛都不眨一下。

因为领袖与权力的行使有关，所以对于领导力的主流看法也是以类似的阳刚之气为特点。你要成为强者才能激励他人。想想巴顿将军和美国职业橄榄球教练员文森•隆巴迪（Vince Lombardi）。你要强硬，你要粗鲁，你不接受“不”这个答案。你就是硬汉，就这样，没什么好说的。

其实可想而知，也有相反的说法。这类观点赞同更柔软、更温柔的领导模式，与这种观点一致的是认为员工是创意的来源，而不是大轮子里面的小齿轮。这种模式被称为服务型领导，很多领导学大师都属于这类领

> 除非变态地展示力量，否则力量就不是问题。有了力量，方可做好人，行善事。

袖，包括詹姆斯•奥特里（James Autry），肯•布兰查德（Ken Blanchard），史蒂芬•柯维（Stephen Covey），彼得•圣吉（Peter Senge），麦克斯•迪普雷（Max DePree）和玛格丽特•惠特尼（Margaret Wheatley）。根据这个思想学派的说法，领导者的主要角色并不在于确定让员工听令行事。领导在于赋能，真正娴熟的领袖会启发员工，然后抽身让员工自由发挥。他们不会毫不留情地批评你，他们会给你留有余地。与老做派相比，服务型领袖有更多阴柔的模式。这类领导更像圣雄甘地，而不是巴顿将军。他们更像温柔的母亲，而不是粗暴的父亲。

“你让路，你引导”这种一般性原则的模式很合情合理，但只有把其当成大致的指引而非严格的信条时才会发挥最大的作用。每个人都不一样。有些人需要你的鞭策，而另一些人则自己领悟更好。真正聪慧的领导者会竭尽所能引发团队成员的最大潜能。

通常说来这就意味着要学会赋能；有时候这意味着“照我说的做，要不就免谈”。最棒的领导人不会陷入该扮硬汉还是装慈母的困境，他们会随情况变化选择是采用阳刚的领导模式还是阴柔的领导模式。

> 最棒的领导践行服务型领导力，必要的时候也会有铁腕政策。

驾车人与马的故事

灵性方面的导师似乎常用“马”来叙述这个主题。在《斐德罗篇》里面，柏拉图讲过一个寓言：有一辆四轮马车配了两匹马，一匹尊贵的白马，一匹不太尊贵的黑马。驾车人渴望能飞升到非常高的地方，但那匹危险的黑马不断把他往下拉。两千年以后，另一位不那么有名但同样有影响力的灵性导师乔治•葛吉夫（George Gurdjieff）讲了另一个有关马的故事。故事里也有一辆四轮马车、一匹马和一个驾车人，分别代表身体、情绪与心智。葛吉夫的解释是："以普通人来说，马车（身体）坏了，亟须修理，而马儿（心智）在持续不断的鞭笞和虐待中长大，从来没有受过合适的教育，而驾车人（情绪）总是醉醺醺的半睡半醒。与其说马车有主人，是装备的所有权人，不如说，不同的'我'如接连不断的乘客，构成我们每天的人生。"[2]

柏拉图和葛吉夫都在传达相似的讯息。要引领真正意义上的现实生活，我们要管理好自己的马儿，成为驾车人的管理者。

我们的观点也差不多，但会加上一点后现代的转折。事实上，我们会同时吸取正反两面的说法。

在这个后族群世界里面，大量的迷因不断相互竞争，都是我们身为其参与者所得到的整套内容的一部分。我们面临的挑战是不要成为它们的奴隶，相反，我们要在内心找到一个不受其牵绊的地方，让我们能够清醒地选择要接受哪一种说法，以及一个说法哪一个部分。除非我们做得到这样，否则我们都算是坐在一架奔驰的马车里，任由马儿载着我们跑。

我们又得说，乔布斯的故事，或者更准确地说，是我们对乔布斯的故事的说法，是具有指导意义的。就像我们之前看到的那样，乔布斯成为一种文化符号，因为他是有事业心的反叛者，他是自由能量（"气"）的倡导者，他是欣赏构架价值观（即"力"）的整合大师，他在这两方面都获得认同是他获得成功的王牌，代表他既脚踏实地又高瞻远瞩。乔布斯不是艺术家，不是经理人，但完美地成为像经理人的艺术家，他融合了这两种身份，成长为新生的英雄般的伟人。

重点是：他做到的事情我们都能做到。我们都有能力不去讲这种故事或那种故事，而是讲讲我们自己独一无二的故事。作为社会企业家，我们有力量，也有机遇！每天每夜，每时每刻，我们都可以在做每个新决策时展现这种自主能力。

这才是真正的领导力，这才是我们怎样完美实现使命的故事。

第九章
社会企业十诫

门肯：

“随便你怎么说十诫，但你必须回头去看看这个美妙的事实，那就是十诫只有十诫。”

在上一章，我们探讨了从文化浪潮中涌向我们的各种说法与反思中拼出自己故事的愿望。我们为真实性发声，我们为自我表达代言。

现在，我们要朝着一条不同的道路前进，要审视一下需要哪些恒久不变的原则才能在社会企业中脱颖而出。这些不是你接受与否的戒律，也不是取决于你是否相信对你有无作用的戒律。他们是你忽略了就有危险的诫命。

如果你了解这些真理不是我们从书本上抄录，而是我们自己悟出来的，恐怕你也不会感到惊讶。我们通过一种看起来既是理性分析又符合直觉的流程，从几十条备选信条中挑选出十条，根据的是以下几条简单的规则：胜出的必须一定是很基本的原则；社会企业的“外因”和“内因”博弈，也就是策略与心理必须获得大致相等的关注；我们最后之所以选出十条，因为它们听起来很吸引人。

在一条条探讨这些诫命之前，我们先要理清几件事并按顺序说明：

• 这些诫命适合所有企业家。但我们讨论的着眼点还是社会企业家打算带入工作中的视角观点和特殊问题。这些是基本原则，但也有特殊的焦点。

• 我们省略了一些在逻辑上或许应该纳入却没有纳入的原则。比如说，“善待他人”没有最终入选，因为这条太明显了，我们对其进行认真考量，是因为很多人都不体贴。

• 我们在分析这些原则的时候，“另一方面”偶尔会吸引我们的注意力，因此我们把这条写成了专栏。看起来就算是诫命也并非完全绝对的。反正我们不会。

• 有些诫命是商业基本入门课程里的原则变体。我们加上这些原则是因为很多社会企业家的热情只对社会使命燃烧而忘了这些原则。

• 很多诫命互有关联。比方说，“一定要有战略眼光”与“坚持品质控制”就有重叠，都与“除了诚信，其他都可以妥协”有关。

我们来看看这十条诫命吧。

社会企业十诫

1. 尊重金钱。
2. 一定要有战略眼光。
3. 坚持品质控制。
4. KISS原则（化繁为简，返璞归真！）
5. 除了诚信，其他都可以妥协。
6. 人贵自知。
7. 获得支持。
8. 与你的（冒险）事业建立起健康的关系。
9. 好好照顾自己。
10. 继续在高空钢丝上跳舞，不断挑战极限。

诫命一：尊重金钱

很多社会企业家受社会使命感召而投身创业。赚钱是次要的，通过赚钱这种方式达成目的比赚钱本身更重要。结果：现金流——金钱的整个世界——占据遥远的地平线，基本被认为是理所当然的。这类经常出现的、有时候甚至是致命的缺陷有三种显著的谬误：

谬误一：时间到了钱就来了。

如果沉迷于自己所设的愿景，就很容易对什么时候能筹到钱和能筹到多少钱过分乐观。神奇空间企业（Amazing Space Enterprises）的创始人杰森·斯特瑞特（Jason Street）[3]希望打造一个全球性的可持续发展平台。他募集到50万美金的种子资金，并把大部分钱投进去做了一个炫酷的网站。他确信，一旦自己做出了原型，钱就会来。然而事与愿违。原型看起来不错，然而吸引投资人的是对概念的验证而不是好看的外表。资本市场需要看到的是这个网站能够吸引到广告商，能够产生利润。斯特瑞特没做到这一点。

谬误二：这就是一点儿小钱。

志得意满之时人很容易浪费。2004年，我（卡尔）的一个朋友送了六位数美元的资金给我做礼物，我用这笔钱创立了一家社会企业：我们社区网。创业初期，我觉得钱多得花不完：缺钱或没钱似乎离我很遥远，所有意图和目的都是不相干的。我马上花了很多钱开发LOGO标识，设计营销广告。和其他事情一样，这只是个象征性的姿态：既然我们开始干了，为什么不好好干呢？同时，我寅吃卯粮，今天的小事可能是明日生死攸关的事情，我却对这样重要的现实情况视而不见。

谬误三：这不可避免。

克里斯蒂娜·迪恩（Christina Dean），目前定居香港，做了多年口腔科医生。后来，她改行做了记者，之后，她成立并运营Redress这家迅速发展的非营利组织，据其网站，这家企业专注于“时尚产业，可持续发展的时尚并不是小众品位，而是常态”。[4]迪恩说：“我早期浪费了很多钱。我以为这是一种习惯，是不可避免的。要是我没做这样的假设，我用钱时会更小心。”

对比观点：你可以用更少的资源做更多的事情。

当我意识到“我们社区网”最终会出现资金短缺时，我决定了赌一把。生物学家鲁珀特•谢德拉克（Rupert Sheldrake）曾经说过，公民每天都可以通过小规模、低预算、深思熟虑的实验来为科学做出贡献。想有所作为，并不需要造一个强子对撞机或甚至半个强子对撞机。还有一个办法叫作“小科学”。我决定尝试类似的东西，从文字游戏来说，我叫它“小生意”。如果我花小钱可以成功，那我就可以骗人说，要做大就得有大的资金，对于所有企业家来说，这难道不是一缕曙光吗？

虽然“我们社区网”从未一飞冲天，但我依然相信这种假设是有价值的。无论如何，咱们得尊重金钱。当然，小成本也可以做大事。一方面，我们活在一个双元经济里面：成本加价与非成本加价。在成本加价的世界里，顾问的费用是他们薪水的三倍或更多。避开中间人（或中介机构），直接聘用人才，你可以减少三倍甚至更多的成本。

在经济低迷时期做生意的好处就是，很多人才都渴望工作，而且要价很低。此时是买方市场。运气好再加点毅力就可用较少的成本雇到优秀的人才。

还有海外招聘，我们也冒着被当作歪门邪道的风险。虽然我们赞成尽可能雇用本地人才，不过最后聘用那些“外面的人才”也没有问题。其实，只喜欢自家社区是一种偏见，这点值得探讨。我们都是单一的人类家庭，对吧？从本质上来讲，是什么让人觉得给附近的家庭提供收入就比给班加罗尔或布加勒斯特的一个家庭提供收入更有意义呢？不管你把这个问题放到哪里，只要你是全球搜索，就能找到有能耐而且要价不高的人才。

诫命二：一定要有战略眼光

想做成功的社会企业家必须有战略眼光。当然你肯定有战略眼光。但什么叫极具战略性？为什么要强调这一点？原因如下：心怀社会使命会让人把焦点放在比较柔软的一面，从而忽略了极其重要的冷硬战略分析。感性是社会企业很重要的一面，但有时也会挡路。“一定要有战略眼光”提醒我们别掉入这个坑。对于社会企业而言，这依然是对抗“爱终能找到出路”这一浪漫概念的解决办法。

在这方面我们要谨记三个具体的概念。首先，要知道自己属于哪一个量级。不要越级。在你可以获胜的层级中竞争。很多社会企业家从轻量级起家。如果你就是轻量级选手，请和其他轻量级对手较量，别和拳王阿里同台。

神奇空间企业创始人杰森幻想自己的公司可以和大公司竞争。这个梦值得做，也有潜力实现，但不可能一夜之间就成事。他的战略是要创立大企业。如果他能一步一步扩大可能更好一些。

根据这条原则可以推论出一个结论：不要太急于求成。企业就像植物一样需要时间成长。你很可能在成熟之前就碰上大好时机。我（卡尔）帮忙经营过的性教育社会企业可以证明这一点。我们的幕前智囊谢里·温斯顿（Sheri Winston）写了一本书：《女性性欲剖析：通往深埋愉悦的秘密地图》，这本书获得了一项国家级大奖；更值得一提的是这本书是一本自行出版的书。[5]每个作家都梦想可以上奥普拉的脱口秀（或者奥普拉之后类似的节目），作家能上这些节目，就好像获得了上帝耶和华赐予的应许之地（the Promised Land）。多年来，朋友和书迷一直鼓励我们把上节目这件事作为最该优先处理的事情。从某种角度来看，他们的建议很有道理。谢里拥有可以大红大紫的一切条件，能上热门电视节目会锦上添花。真是这样吗？我们一向的回答都是"还不到时候"。要是成功登上全国性媒体，这本书一定会风靡起来，需求大增。我们就要很大的库存量，还要大量的配送网络才能满足需求，但目前我们还没做好准备。总有一天我们会准备好。后来，我们准备好了，谢里就去上了"艾伦脱口秀"。

其次，你要小心看住奖项。不是说这会让你堕入地狱之火饱受折磨，但这当中有很多诱惑。或许你更想说，会有很多机会。当机会来敲门，你得问自己一个非常重要的问题："这是让我分心的事情，还是能让我进一步推动我的使命？"

答案不见得一定清晰，也不总是因为利弊都差不多。深入挖掘后你就会发现自己并不是完全了解自己的使命到底是什么。还记得小布什总统之前在美国林肯号军舰上发表的草率演说吗？他背后挂了一副写着"完成使命"的横幅标语。这就是使命模糊不清的典型案例。尽管你不一定那么粗心，但你也有可能步他的后尘。

吉奈尔·玛尔伯勒（Jenelle Malbrough）是第一世界垃圾公司（First World Trash）的创始人。这是一家总部在纽约的初创企业，一家社会企业，把纽约市垃圾里面的废弃塑料广告牌变成手提电脑包。2011年，纽约本地官员考虑把市里面大部分废弃塑料广告牌都给这家公司。最终他们没能落实原来这个想法，否则，要是他们真这么做了，那公司就会有很多废弃塑料，超过她的处理能力。

面对这些最终会成为假设性的情景，当时正确的选择是什么呢？曾经跟玛尔伯勒合作过的企业教练罗伯·莱德勒（Rob Lederer）[6]认为这取决于她如何定义自己的社会使命。如果她的使命是转移这些乙烯基废塑料，她就有理由放弃原来的业务模式，进入另一种截然不同的道路去处理堆积如山的垃圾废料。走这条路的话，她有可能得打通运往非洲的渠道，因为非洲人用聚乙烯做建屋顶的材料。但如果她的使命跟上面所说的不一样，她想成功打造一家可以把废塑料变成产品的社会企业，则更加符合其使命的原则就是拒绝这些官员的提议。

你的使命究竟是实现特定的社会目标，还是成立一家支持实现社会目标的企业？两者有明显的不同，而且大多数社会企业家都需要先弄清楚这一点。如果是后者那就会把我们带回原点，除非你想做的是不断给自己的商业模式重新投资，那又另当别论。你一定要有战略眼光。

第三，要借助使命的力量。心怀社会使命可以助推企业的发展，但也可以葬送一家企业。我们在本书一再强调，如果你把社会使命纳入商业模式，可以大幅度提升成功概率。

多洛雷斯·德尔维奇奥（Dolores Delvecchio）[7]创办了一

家传统企业发了点小财，她决定奉献下一段人生，为这个世界做些善事。她试过在非营利组织工作，但结果让她备感挫折，因此她转向了社会企业。

宏远呼叫中心（Higher Calling）是一家与众不同的电话营销呼叫中心。戴尔维吉奥很关心大学生，而很多学生都背负了庞大的助学贷款，抵押了自己的未来。戴尔维吉奥说："这些年轻人没法遵从他们内心真正的召唤，只能在埃克森的加油站打工。他们别无选择。他们还要还债。"宏远呼叫中心只雇用背负助学贷款的大学生。这家公司支付的工资是业界标准的两倍，还给员工提供股票期权，员工在公司待得越久，就累积得越多。

虽然公司的投资人一开始心怀疑虑，但最终这变成了一个双赢的策略。高工资和股票期权让身为大学生的员工更轻松偿还助学贷款；因为幸福感强和工作主动性强的员工出勤率高，生产力高，所以社会企业也受益。结果这家企业变成获利丰厚的企业，很大一部分都要归功于它把社会使命与运营模式整合在了一起。

对比观点：当使命独立于企业之外

亚当夏娃公司隶属性产业，定位方面完全没有阻碍。这家公司出售和经销成人影片和情趣玩具（嗯，就是成人专属新奇玩意儿），预估年营收有9000多万美元。但这家公司居然是一家社会企业，或至少关系很近，这看起来简直有点不可能。20世纪60年代，北卡罗来纳大学研究生菲尔•哈维和提姆•布莱克成立这家公司，他们俩当时研究的主题是如何通过非医疗手段推进计划生育。尽管当时通过邮寄贩卖避孕套违犯《美国联邦康斯托克法》，但他俩的教授还是批准了这项实验。他们没有被逮捕反而企业一飞冲天，很快，哈维和布莱克开始经营起火辣辣的成人产业。

是什么理由让亚当夏娃这家公司跻身社会企业领域呢？这家企业一开始及长期以来都有一个清晰的社会使命：提供人人可以负担得起的生育控制产品与预防艾滋病的产品。仍然拥有公司百分之四十股权的哈维[8]把大部分利润捐给了DKT国际公司，这也是他后来成立的另一家非营利机构，为非洲和其他地方提供人们可以负担得起的避孕产品。算下来，亚当夏娃公司接近百分之二十五的利润都经由哈维投入了这项事业。这么高的比例，任何社会责任企业都应该为这个业绩感到骄傲。

亚当夏娃公司之前很少用传播故事的这一面。倒不是因为他们担心在政治上会蹚浑水，而是因为把使命和营销整合在一起并不会促进销量。哈维说："我们的客户来找我们，是因为他们需要享受欢愉。""做慈善的冲动躲在他们脑子里另外某个角落。"公司曾经尝试把事业与营销结合起来做促销活动，承诺每卖出去一个产品，就把大部分利润捐出去用于艾滋病防控工作。哈维说："客人们觉得无聊死了。"

这个例子的意义是：如果可以的话，请把社会使命与商业模式结合起来。但有规则就总有例外。如果你做不到，也不是坏事。

诫命三：坚持品质控制

首先，“良心企业”一定是一家好企业。好企业一定要契合既定的成功原则，而其中一项就是对品质的承诺。光彩照人的社会使命弥补不了劣质产品带来的伤害。如果你提供的产品品质与竞争对手一样，甚至更好，你的社会使命就有了决定性的优势。品质不佳，其他免谈。

品质不仅可以用来描述产品，也可以用来描述人。在这里，品质就是素质能力、社交智慧和诚信。而你当然希望你的团队与公司的价值观一致。

乔治•波利斯纳（George Polisner）[9]是社会企业阿罗诺瓦（Alonovo）的创始人，还一直担任了首席营养师。波利斯纳的愿景是创建一份采购指南，为购物者提供当前与企业环境和社会绩效有关的准确的POP广告信息。阿罗诺瓦成立于2005年，口碑很好。很多投资人表示有兴趣投资，波利斯纳对此有很高的期望，以为会有大笔资金流入。然而根本就没有人投资。有一群投资人承诺要投50万美元，结果最后一分钟又反悔撤资，因为他们一致得出结论认为波利斯纳需要100万美元才能成事。至于其他投资人，波利斯纳说：“要签约的时候就都不见了。他们都公开表示支持绿色环保，但看起来他们唯一感兴趣的绿色就是美元钞票上的绿色。”

经历了一番失望之后，一个真的投资人出现了，带来25万美元的投资，尽管出这笔钱的人提出要当CEO，波利斯纳也没敢拒绝。用他的话说，这个提议做CEO的人更适合去沃尔玛而不是阿罗诺瓦。波利斯纳的决定很快就带来了反作用。他回忆说，“我费了好大劲儿打官司才拿回控制权”。最后，这个CEO离开了，也抽走了资金，但是宝贵的时间给浪费了。

波利斯纳说，“这是我犯过的最大的错误”。我们的解读是：他太渴望获得资金，导致他降低了标准，接受了不合适的人作为自己的商业伙伴。

诫命四：KISS原则（化繁为简，返璞归真）

社会企业本质上就比传统企业更复杂。社会企业要考虑两个层面，而不是一个层面。社会企业至少需要某种双重愿景。

如果你要捍卫既有地位，复杂性可以成为一种战略资产。但对于企业家而言，复杂性通常会带来很多麻烦。可变因素越多，出错的概率就越大。这也意味着失败就在不远处等着你了。

我们得承认，复杂性带来的日常影响让很多企业家抓狂。复杂性增加管理难度，经常让你在做规划的时候无法应对。复杂性还会增加成本，带来更多压力。如果经营企业被琐事一点一点拖死，那就没啥意思了。

有什么解决办法呢？首先，简化运营模式和流程。其次，尽量把复杂的工作外包出去。例如我们“亲密艺术中心”就把订书出货的事情外包给亚马逊网站。走这一步棋，我们省了钱，也少了麻烦。

复杂性的第二个问题是会让投资人和利害关系人望而却步。就像阿罗诺瓦的创始人乔治·波利斯纳说的那样，“你得简洁地阐述好你的理念”。

身为概念上很复杂的“我们社区网”创始人，我（卡尔）可以为这点的重要性做证。这家企业需要获得大量股东的支持，包括当地居民、企业和非营利组织。当我解释到第三句的时候他们就开始发呆了。我从来不曾真的抽出时间把我的“一分钟电梯演讲内容”琢磨提炼得更加简洁。这套模式在概念上的妙处让我深深着迷，因此我原以为别人也会喜欢，然而别人并不喜欢。[①]

专注的重要性是这一章和下一章会经常出现的主题。找准目标、瞄准、射击，重复，一而再，再而三多做几次。乔治·波利斯纳说过，“如果缺钱，就得专注，聚焦在极少数活动中胜出”。功夫大师李小龙说过，我不怕一次练一万种腿法的人，我怕一种腿法练一万次的人。

诫命五：除了诚信，其他都可以妥协

这条诫命综合了实用主义和原则性：竭尽全力做好社会企业，知道什么时候应该说不。但这条有很大的灰色地带，你怎么准确地知道什么时候应该喊停？

环保房地产开发就是一个典型的例子。要打造一个宏大的项目需要大量投资，这样不仅会带来相互间的竞争压力，也会产生相互间的竞争责任。开发商有责任为投资人提供可观的回报，也为可持续发展倡导者提供值得称颂的项目。在这种情况下，“诚信”并不是预先制定的底线；“诚信”是持续不断的要求。几乎每个绿色地产项目的开发商最终都会做出让他们良心撕扯的决

① 有个投资人给我（卡尔）写支票的时候确实说过，“我还是不懂你的概念”。我不确定我是该为了他对我的信任表示感激，还是该为了难以说服他的心感到不安。

定。这些妥协通常都有令人信服的理由。如果没有，项目就看不到天亮的曙光，所以，一个没那么绿色的项目是不是总好过根本没有项目呢？

20世纪90年代末，开发商大卫•凯斯（David Case）和凯文•凯利（Kevin Kelly）[10]当时参与了位于图森的一家名为西瓦诺（Civano）的生态村庄的开发工作，这个项目的想法来自底层社会的一个愿望，打算建立一个纯粹的太阳能社区。开发商很快就明白，这个愿景虽然值得称赞，但在经济上并不可行。

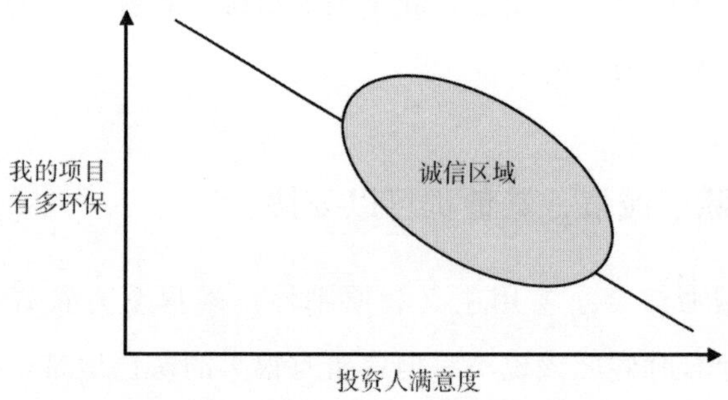

这个项目最多只能接受比常规房价高15%的溢价。全部安装太阳能就会花光整个溢价部分，之后就没法落实其他诸如节水之类的生态计划。凯斯和凯利并没有勉强保留这个没法做到收支平衡且价格不可持续的生态项目，反而砍掉了这个计划中太阳能方面的全部预算，引起当地活动分子的强烈不满。凯斯回忆说，“我们遭受来自四面八方的攻击”。“因为项目获得图森市300万美元的注资，西班牙裔领导人指责我们挪用了原来应当投入到内城项目的资金，但对我们最狠的批评还是环保主义者。”

今天，西瓦诺社区红红火火，住户有600多家。虽然规模比凯斯和凯利最早推出这个项目时要小得多，但总好过什么也没有。“我要给这个项目评个A-，”凯斯说，“我们希望普遍提高图森地区地产开发的标准，反正我们也算成功了。要是我们不太愿意妥协的话，我们开发的项目可能卖不掉。西瓦诺也没机会获得成功，我们在当地又会回到原点。”这算诚信之道吗？看你问谁。几年前，我问过已故环境科学家米都斯教授（Donella Meadows）一个问题，在图森做绿色地产开发的合适参数是什么。“在沙漠里？根本没法开发。”她说道。答案跟凯斯的答案完全不一样。对于一个人而言，诚信可能指坚持愿景的纯粹度。就凯斯和凯利而言，诚信有时候也指接受部分掺假，但也仅仅是部分掺假——对于没有良心的人而言，总有时候你只能拒绝。对大卫•凯斯而言，当西瓦诺的出资方之一房利美贷款给开发商的条件是他们不得在营销工作中使用“可持续性发展”这个字眼儿的时候，就是他要坚持说不的时候。凯斯说：“房利美担心，如果项目不能达到可持续性发展定义的要求，他们会被起诉。”“这就有点荒谬，想太多了。他们这是要求我们不能说自己是干什么的。我们拿了他们的钱，但没理睬他们的要求。”

同样，我们在这里会看到诚信这个主题是多么棘手的事情。这摆明了是不遵守契约，以个人操守来说，就是没有诚信。凯斯和凯利怎么知道这对他们来说是正确的行动方针呢？这不是理性分析的过程。“我们的直觉知道答案，”凯斯说，“我们就是知道。”

这个问题没有轻松的答案。诚信是绝对不可侵犯的价值，在特定环境下应该坚守哪些操守，就算是在道德上无懈可击的人也会有分歧。我们不会告诉你诚信对你来说意味着什么。我们不是道德学家，更重要的是，我们不是你。我们能做的以及会做的，是重申这条诫命的重要性，并建议你好好想想，以你的社会企业而言，诚信意味着什么。理想的状况，是你在早期局势相对平静时就要做这件事。

总体而言，诚信需要你务实，深思熟虑并依靠直觉。

• 一定要非常务实。

• 一定要提前谨慎思考你的社会使命的边界范畴是什么。

• 总有复杂的问题未必可以轻易得以解答，请了解这一点并予以尊重。

• 听从你的直觉。你会知道何时该说“不”。

诫命六：人贵自知

这条诫命非常重要，因为背后有其自己的问题：创始人症候群。你的社会企业就像你的孩子，它是你的一切，所以你自然想为它付出一切。这种尽心尽力的奉献，在事业早期的确非常有用，但当企业日渐成熟之后，这一点也逐渐变成问题。没有人可以把什么事情都做得尽善尽美。上天赐予人的聪明才智不是这样分配的，而且就算有人什么都行，他们的时间也不够，难以在所有方面都有高水平的表现。有三个原因导致创始人症候群成为一个问题。

• 这会导致大事小事一把抓的管理风格：创始人什么都懂，什么都管。你不应该这样对待你的团队。这样做根本不是体贴，还带来恶性循环。士气低落的员工会躲避承担责任。当情况演变为制度上的问题时，唯一挺身而出来解决问题的，就是患有创始人症候群的那一位。

• 会把工作搞砸。当每个决策都必须经过独裁型领导人（或服务型领导人），一定会拖慢进度。这就好像拔掉车子里面的四挡和五挡。

• 这会破坏品质。有一个词可以形容自以为比团队里的每个人都更懂每一件事的老板：错觉。当人才屈服在错觉里面，就要以业绩为代价。

人人都有优缺点。找到自己的长处并引以为傲，还要加以改善利用。缺点也要找出来。找到你相信可以把事情做好的人才，然后为他们让路。

诫命七：获得支持

由“人贵自知”推论出“你没法独立完成”。没有任何人是一座孤岛，社会企业也是如此。

营销公司摩瑞根企业（Merrigan & Co.）主要为非营利机构撰写文案。这家企业的所有人鲍勃·摩瑞根（Bob Merrigan）喜欢写作也精于此道，所以创办了这家公司。但他既不擅长销售和业务开发，对此也并无兴趣。他积累了很好的口碑，不用做什么太多的推销企业也能漫漫成长，他还雇用了三名员工来帮忙分摊工作。虽然他们现在可以应付目前的工作量，但摩瑞根还是有先见之明，雇了一个业务开发专员。等到不可避免的冬天来临，这家企业已经有了足够的工作机会。11

社会企业家不仅需要内部的协助，他们也能从外部人脉网获益。我去参加2011年秋季“社会企业网”举办的社会企业家聚会之时，在亲密艺术中心，我们几乎是一夜之间就了解了这一点。

我之前决定参加这次会议，是为这本书做些调研。到了那里我才了解到，我帮忙经营的性教育业务也有丰厚的商业利益。我的眼界迅速被打开。两天会议结束后，我结识了一些重要的人脉，包括两位潜在的品牌合伙人，一位潜在的出资人，还有一个业务开发和融资专家。

事后来看，我明白了为什么我一开始并没有把这次会议看成亲密艺术中心的业务开发机会。性教育本身就是一个自成一格的世界。放眼望去，你会看到这里有非营利机构美国计划生育联合会（Planned Parenthood），他们处理的都是明明存在却被刻意回避的问题，这里还有各种各样的独立运作的教师，他们感兴趣的主题有的是教育，有的是性，有的是两者兼具。你也会看到代表多元文化的因素，可敬的中产阶级人士夹在其中，还有各种前卫的另类生活方式。你还会发现，虽然在边缘地带也会出现社会企业和可持续性发展，但在这个领域相对较少被提及。[1]

我犯的错，也就是毫不质疑地就接受了别人认定的范畴，没有进行独立研究评估去了解亲密艺术中心应该属于哪些社群。其中一个就是社会企业。

你的网络又是什么？你有没有尽可能借力打力？作为社会企业家，找到并参加所有适合你的社群非常重要。你会遇到出乎意料的支援。你的任务就是站出去让这些助力好找到你。网络联谊

① 理查德爵士避孕套公司（Sir Ricahrd's Condoms）每卖出去一个保险套就会赠送一个避孕套给发展中国家。卡达布拉芦荟公司（Aloe Cadebra）和好洁爱公司（Good Clean Love）出售各种有机人体润滑油。至于我们提到的亚当夏娃公司，一年会捐赠数百万美元给全美计划生育计划和艾滋病防治活动。

带来的好处或许无法量化成你财务报表上的数字，但毫无疑问它们的确存在。

诫命八：与你的（冒险）事业建立起健康的关系

之前我们提过，成为社会企业家就像为人父母一样。的确如此，而且好像谈恋爱一样。你有热情，你的承诺，你的心情七上八下，起伏不定，你也一定会遭遇到挑战。刚好，有些让恋情顺利的原则这里也适用。

不断发掘激情

宝宝、账单、倒垃圾，这些事都会妨碍浪漫。经营企业的日常琐事也差不多，会让你忘记最开始为何会坚定地投身于此。如果你不做，谁来激励大家，谁来提醒大家不忘初心呢？

捍卫信念

事情不顺利时很容易失去信心。这种态度会传染，尤其是沮丧的情绪自上往下传。如果你必须假装，那就假装吧，还要装得像一点。当局面最黑暗的时候，也是你要把火炬举得最高的时候。

为团队赋能

如果你要和控制狂谈恋爱，就得战战兢兢。如果你老板是控制狂，情况也没有差别。把员工当作平等的伙伴来对待，给他们应有的尊重，大量的自主权，甚至就算你担心他们会犯错误，也要如此行事。

仔细观察微弱的信号

无论是经营亲密的恋爱关系还是经营一家企业，防微杜渐总是更好。想一想，是在癌症还是个小肿瘤时就开始医治好，还是等它转移后再来治疗比较有效？

这种做法要求你关注你意识边缘的焦虑，一旦你想到之后就会显而易见。山姆森研究所（Samson Research）是为医疗保健公司提供数据分析的公司。派特·普赛尔（Pat Purcell）是这家快速成长机构的主管，他总是觉得公司在软件更新上有问题。他的理由是："不确定谁该负责这事儿。"[12]以这里为起点，他着手发起点对点盘查公司的流程，希望找出那些问题疏于管理的三不管地带。普赛尔很注意一些微弱信号，这是前瞻性眼光不足的经理人可能忽视的地方。最后找出的结果让他安心，同时也把问题扼杀在萌芽状态。

知道何时该放手

我们都知道陷入情网会怎么样。不管情况有多艰难，你都会撑住，你都不想放手。尽管有时候到了某个点之后你再努力也无济于事。社会企业也是这样，不过唯一的差别通常是你收到的信号为：没钱了。但偶尔你还是会独自蹒跚前行，比方说，就算已经没有意义了，你还是去借更多的钱。社会企业是一场赌注。如果知道何时应该放手会做得更好。

诫命九：照顾好自己

社会企业家经常把自己搞得筋疲力尽。这份事业是你的孩子，是你的伙伴，你的一切，所以为什么不应该把每一滴热情与能量都抛洒在这里？

原因就是：做得太多有时会适得其反。如果你把自己逼得太紧，害得自己生场大病，这条船就没有船长了。如果你"只"感觉压力大，也损害了你的决策能力和领导力。Redress的克里斯蒂娜·迪恩说过：“我觉得压力大的时候就很难分清哪些是真正的忧虑，哪些只是我的烦躁。”

不能照顾好自己也会对团队和品牌造成微妙的影响。当波利斯纳努力想让阿罗诺瓦公司成功之时，他重了85磅（约77斤）。“这件事对企业没好处，”他说，“人们要找的是自律的人，我没有办法证明这一点。这也影响了我融资的能力。”

诫命十：继续在高空钢丝上跳舞，不断挑战极限

谦虚与骄傲：你要保持开放的心态学习，也要对你所知的保持信心。

感性与理性：身为社会企业的领导者，你是需要保持激情，并矢志不渝的那个人。你一定要极具战略眼光。

完美主义者并富有灵活性：有时候你必须如此。但其他时候，完美是美好的敌人。你必须能在两者之间切换自如。

保持信仰也要实际：你要有信仰，但也必须脚踏实地。

保持超然，但该出手时要出手：老是缺席的经理人是个问题，管得太多的经理人也是个麻烦。找到适当的平衡，收放自如是管理的一项艺术。

前瞻思考，但不能太超前：抢先一步会带来竞争优势。抢先三步可能是场灾难，在卡通片里就是直接跌落悬崖。

权威与民主：真实一直都是美德。你是不是刚刚决定要辞退关键团队成员？若是的话，可能最好仔细规划一下这场艰难的对话，在真正付诸行动之前，用接近完全透明的态度与他们交流。

愿景与实施：社会企业家通常都有伟大的梦想。这部分对他们来说很简单。更大的挑战是要花很长的时间去处理创业的日常琐事，而且还经常徒劳无功，没人领情。

愿景和实施之间紧张关系如此常见，也非常重要，所以也成为下一章的主题。

第十章

克服企业家病

托马斯·爱迪生：

“没有执行力的愿景只是幻象。”

大家好！我叫卡尔，我是一个愿景狂。一个正在康复期的愿景狂。你会问什么是愿景狂。愿景狂指一个人乐意花时间去想象未来将如何，而且这种人以牺牲平凡的日常活动为代价。很多企业家（和社会企业家）都有这个毛病。就像我们之前提到过，每个企业家都想从今天的“这里”，一跃跳到更高的“那里”。他们的未来愿景是带动和激励他们的理由。愿景是眼睛里闪烁的光芒，催生出每一种充满创意的努力，包括成立社会企业。

愿景很美好，也很神奇，不可或缺。但你可能做得太过，把好事搞砸。总之，这就是所谓的创业家病。

从我们的经验来说，创业家病是一种流行病。到目前为止，我们知道愿景狂是我们自己创造的新词，没有官方统计数据可以证明这一点。我们还没有看到一大群心理医生为这个问题设计调查问卷，也没看到可供愿景狂参加的匿名聚会。但这都不足以驳斥这种病的存在。如果你是社会企业家，你可能有这种基因，或许你自己就是一个完整的创业家病案例。

身为正在康复中的愿景狂患者，我对饱受此病折磨者备感同情。我懂这个病，而且非常懂。愿景狂这种病起源于两个世界的彼此冲突。我们花了很多时间去处理烦琐的现实，这些事会让人变得迟钝而沮丧。付账单、倒垃圾、把一堆堆的纸张从这一叠搬到那一叠。你眼睁睁地看着这个世界极速恶化，而那些主事者却不愿意或没能力做点什么事情。

和这个现实世界相对照的是一个想象中的新世界。当我跌入自己创造出来的愿景时，我享有完全的主导力量。愿景世界充满了各种美好的事情，各种令人兴奋的创意，无限的潜能，没有坏事，没有无聊的事情。更好的是这很有趣，而玩耍是我们哺乳动物最爱的事。玩乐是我们的天性，是我们学习的主要方法之一，但作为成人，玩乐也是我们最缺乏的一部分：但如果我们得了创业家病，花很多时间躲在愿景的世界里，那就不一样了。如果说这不是玩乐，那什么都不是了。

在现实世界里，有数不清的生理与社会限制。我们只能跑那么快。我们希望对方说好的时候，对方拒绝了。但在愿景世界，我可以乘着想象力的翅膀翱翔，这可比我的一双脚快多了。至于社会限制，这里完全没有。唯一可以对我说不的人就是我自己。在愿景世界，我们都超级强大，而且可以玩乐，理论上可以永远这么玩下去。当出现障碍时，不像是个问题，而像是一个全新的玩乐机会。瞧啊，多有趣！在愿景世界里，在我们决定结束之前，游戏，或者说乐趣不会结束的。

愿景的世界也是另一个美好的地方。这里无忧无虑。你在这里碰到的最糟糕的事情就是被无法克服的创意挑战难倒。在愿景的世界里你不会失去挚爱，你无须面对自己的死亡。这是一个不朽的世界，在这里你永远都是个孩子，总是开开心心地玩耍。这里没有否定，没有幽闭恐惧症。愿景世界不是现实世界，更是一个反现实的世界。

这正是吸引艺术家们沉浸于艺术创作的原因。当人们进入创作过程，他们同时拥有了力量和控制权，他们的想象力不再受到限制，他们也同样不再焦虑，也可以自己决定游戏什么时候结束。不过，愿景世界里的规则对艺术家和企业家也是不一样的。企业家的输赢，取决于他们如何把想象扩展到现实社会中。营业收入必须超过花费成本。艺术家如果在商业上有所作为当然很棒，但艺术家的成功全凭主观判断。评判艺术有艺术的标准，并不是财务报表上的损益数字。

愿景世界里的愿景和真实世界里的执行力之间的关系天生就很紧张。我们可以理解爱迪生的著名格言，“天才是百分之一的灵感和百分之九十九的汗水”，玩乐和工作之间的紧张关系正是如此。

那么，奇怪的是，企业家和社会企业家往往会被吸引到一个充满乐趣和自由的好玩的地方，但却没有耐心面对本质上不太激动人心的日常琐事。

你有没有被企业家病缠身？如果以下任何一道问题的答案你选择了是，那么很可能你已经得病了。

- 你是否曾经把一个雄心勃勃的理念变成一份“只要什么就够了”的任务？我们只要筹100万美元就够了。我们只要找到十几个有才华的人替我们做志愿者就够了。要特别小心“就够了”这个邪恶的词儿。这是一个指标，代表你会忽略未来努力的工作，“就够了”这个词儿可能只是个假象而已。

- 你是否成功地将企业领上正轨，开始起飞，然而一旦企业转型，从你眼中闪动的光辉变成需要人照顾的小孩，你突然就失去了兴趣？

- 你是否常常大大低估需要完成任务需要的时间？

- 你是否曾经把很多时间花在微调企业标识和给销售材料润色，但你很少实际动手打推销电话？

- 你是否热爱追逐新的商机，不停把它们列入你的待办事项清单？

- 你经营企业的时候，是否达成交易的时间远远早于你搭建系统和流程的时间？你是不是还在用很落后的方式记账？你报税的时间是不是差点错过截止日期或者实际上就错过了报税？

企业家病也不全都是坏事。你的确需要一点这类整装才能成为一个成功的社会企业家。说到底，如果你想改变世界，你就一定要有一个愿景，能想得出这个世界要如何变成一个更美好的地方。没有愿景，你不过就是另一只工蚁：你的领导地位没有优势，你也很难激励整个团队。不过我们的重点是要你必须控制住这种疾病。你必须战胜它，只有你去抵抗自然偏好，才能做到这一点。从某种意识上来说，你必须变成不是你，或者，从更宽容的角度说，你必须成为一个整合度更高的你，一个纪律性更严谨的你。最能激发人心、最成功的社会企业家不会滥用他们对愿景世界的激情，他们会加以调整。只有在商业上这么做合情合理的时候，他们才会跳进这个领域。他们会保持清醒。

请让我带你出来

要抵抗愿景世界里的诱惑，你必须自我训练，对抗你的本性。这可以转化成几条戒律。

要务实（而且待在现实里）

“务实”有两个截然不同的意思。这是一种警示，告诫你要真实，如果能和必要时守口如瓶（及隐藏情绪）的能力相互平衡，便是一项很重要的管理技巧。但这不是我们在这里要表达的意思。当你把“务实”作为缓解创业家病的良药之时，表示你要训练自己区分清楚实际状况与我们希望发生的状况之间的不同。也就是说，你会踩碎有色眼镜，把破碎的镜片收拾干净，然后丢掉，而且还要尽可能常常这么做。

我们在这里不谈论如何获得启发，而是要如何脚踏实地，如何养成习惯常常问自己以下这些问题：

- 我是在冷静地思考这件事呢，还是沉溺在一厢情愿的想法里面？
- 我们的头脑风暴过程是否到了再想下去回报也极其有限的地步呢？
- 我们必须采取哪些步骤，我又要如何落实这些步骤？
- 提出来的方向可行吗？需要花多长时间？需要花多少成本？和使命的契合程度有多高？造成的干扰有多大？

对于患有企业家病的人来说，他们希望某些适用于现实世界的规则消失掉。比方说，在愿景世界里，时间并不存在，每一件事都可以立即发生。在现实世界里，时间不仅存在，而且完成任务需要的时间总比你想象得要更长。你原以为更新网页只需要15分钟，到头来花了你半天的工夫。

务实并留在现实里意味着你要把烦人的现实纳入决策流程，比如完成任务实际需要多长时间。这意味着你得待在现实世界里，而且若有必要，你得把自己用链子拴在这里。

与墨菲定律为友

现实世界里另一个烦人的特点是无所不在的墨菲定律，也就是如果你认为什么事会出错，那就一定会出错。

愿景狂们，当墨菲定律出现时千万别吃惊，也别浪费时间发脾气。何必为了不能改变的事情而激动？何必挑战自然规律？墨菲定律在愿景世界里并无立足之地，但真正的工作就是在现实世界里完成的。规划好墨菲定律，对付墨菲定律，培养幽默感笑对墨菲定律。

只要说不就对了

机会很多，有时候多到数都数不清。外面有百万道彩虹，每一道的尽头都有一桶金。然而时间有限，金钱与精力亦然。在愿景世界里，有足够的时间和空间让千道彩虹一起闪耀。在现实世界，却只能容许少许几道彩虹。作为社会企业家，你必须能够清晰地辨别，只有在商业上很有吸引力，才去追逐某个机会。

虽然经常都是前面说的那个样子，但也有一些相对应的说法。不要完全关上新业务机会的大门。你的企业急需的合作机会，也许就在拐角处。

少做，但要做得更好

根据“这样就够了”可以推论出一个结论：社会企业是非常有挑战性的，容许犯错的空间有限。要成功创办社会企业，要以极高的标准参与这场赛局。你必须把要做的事情做得非常好，而这就要求你保持专注。当你把自己拉伸得太轻薄，你的能量会消退，整体品质也会受损。

你有的是过多的随口承诺，还是少数的谨慎关系？删掉过度部分，聚焦！聚焦！再聚焦！请遵从一句葡萄牙谚语的建议：多想几件事，做一件即可。

要非常实际

有时候经营企业很有意思，有时候则不然。当工作变成磨人的苦工，躲进永远不会无聊的愿景世界就很诱人。每当出现这样的诱惑，请密切主意，驱散它，并重新开始奋力投入工作。

获得支持

上一章我们说过这一点，这里我们又要再次重申：找到支援。积习难改。靠自己保持清醒非常困难。

支持有多种不同的形式

• 你可以告诉团队成员，看到你偏离轨道时大声提醒你。但这可能是吃力不讨好的事情，而且你也没法完全仰仗那些要靠你发薪水的员工直言。

• 你可以事前主动要求员工提供意见。就像我们在第六章提到的那样，我们最喜欢的一个管理类问题是：我需要知道什么才知道我并不知道？如果反馈是“你又变成愿景狂了”，唯一的正确答案就是“谢谢你”。

• 你可以聘用企业教练，帮助你监督并改变行为。企业教练可以帮你对自己负责，这是极其重要的一步，可以让你自己始终不忘使命初衷，展开来说，也可以让你的企业始终与使命保持一致。如果你可以从预算中挪一笔钱出来请教练，那就赶紧这样做吧。这笔投资绝对划算。

• 从社群那里获得支持。与其他人培养良好关系，你的团队里就有可以一起商量的人，但对方不是你需要付薪的员工。

说到底，愿景狂只是希望能够找到乐趣。如果把日常琐事放到他们面前，他们的冲动就是想说：“走，我们一起去玩吧。”解药就是，我们给出的建议和清教徒奉行的戒律差不多。多花时间苦干，少花时间寻求灵感。延迟满足感，再延迟更多满足感。这当中就能给你很大的满足感。这是你努力工作获得的奖赏，即使工作已不再有趣。和清教徒主义不一样的是，这份奖赏并不是获得永生，而是一家社会企业，一家属于你的社会企业，是你在让世界变得更美好的赛局里获得的胜利！

管理焦虑的标准协议

正如我们在第九章中看到的那样，焦虑，或者我们称之为“微弱信号”的东西其实是件好事。焦虑提醒我们要小心谨慎。焦虑有其演变方面的价值，也有其商业价值。微弱信号就是早期警示系统。焦虑提醒我们及早去关注某些事情，以免太晚了悔之莫及。

人与焦虑的关系可能在两方面会出错。过早出现的焦虑会让我们觉得痛苦，我们会担心一些根本不值得担心（或者完全不必要担心）的问题。没错，狮子可能躲在树上，然而既然我们在纽约的中央公园，这种风险显然太低，可以忽略不计。过早焦虑就好像要为一笔你还没拿到的贷款支付利息。

或者我们可能不擅长管理焦虑。同样这里也有两种可能性。我们可能朝着焦虑跑过去，换句话说，我们沉迷焦虑，难以自拔；或者我们也会逃离焦虑，也就是否认焦虑的存在。如果我们倾向于选择逃离，最方便的就是躲进愿景世界。用演化论的术语来讲，焦虑来自担心被消灭的恐惧。还记得我们刚提到的树上的狮子吗？光想到它的锐齿和利爪就足以让我怕得肾上腺素飙升，但真正让我害怕的还不是狮子的牙齿和爪子，我害怕的是狮子有能力把我当成晚餐，还绝不会以温和的做派把我撕碎。

愿景世界里没有被消灭这种事情。那里没有时间或空间的问题，也就没有狮子的问题：在这一点上，你不会成为别人的晚餐，也不会被切成块烤成面包。企业的忧虑看起来与树上的狮子很不一样，但实际上差不多。失败永远都是让人忧虑的主题。如果你深入挖掘当中的意义，你会发现，失败呼应的是不重要的地位，是羞耻和被赶出族群的可能性，是减少获得资源的渠道，或是宛如距离门口越来越近的饿狼，代表着饥饿与贫穷离你越来越近。这个时候，威胁你的是狼还是狮子，是贫穷还是恐惧，又有什么区别？

难怪逃入愿景的世界那么有吸引力。

愿景狂要如何抗拒那股想跳进魔法世界的冲动？办法就是，无论以何种方式，与焦虑和害怕被消灭的恐惧建立起健康共处的关系。

以下几条戒律也许有帮助。

自在面对不确定性

你永远不知道昨日的决策是否明智，也不知道今天或未来的决策是否适当。你也不知道今天的坏消息到头来是不是伪装的祝福，或者反之亦然。你不知道在街角等候你的命运是什么。

我们不知的无法掌控的事情可谓无穷无尽。是啊，我们甚至不知道自己到底是个什么样的人。对，我们有名有姓有个性。但哲学家艾伦·瓦兹（Alan Watts）所说的“表象包覆的自我”就可以构成我们全部的身份认同吗？可能不行。灵性导师告诉我们，真正的身份认同超越了自我狭隘的限制，而幸福，顺便说一句，这个命题包括了要消除焦虑，则在于放弃对具有狭隘及虚假的不确定性的自我的忠诚，转而向具有更广阔未知的宇宙保持开放的态度。

哪怕物质世界也完全是我们以为自己知道的模样。我们的头脑把能量和资讯转换成有形态的东西，然后告诉我们这些形式构成了这个世界。但世界上还有一些超越我们的大脑构建出来的现实以外的东西，一些基本的但超凡脱俗、无法想象的东西。我们不知道的东西太多了，我们能做的则太少了。这种现实让很多人惴惴不安，也让人胆怯。能感知到我们知道，是我们首要且最强有力的控制策略。从英文单词的语源学来说，控制（control）这个词来源于拉丁文中的“contra”，意思是与之对抗的行动。我们反射性的反应是去拥抱知悉了解，这是我们“对抗”一股深深的脆弱感所采取的“行动”，这样的脆弱感，来自我们面对自己的渺小与无知。还记得吧？规模规则主宰了哺乳动物的世界，而我们人类是如此渺小。

在愿景世界里，我们有完整的控制权。这正是这个世界最美妙的地方。顺着这个说法，如果我们想要克服躲进愿景世界寻求庇护的冲动，我们就必须减少一心想要控制的需求。我们要能自在地面对不确定性，接受不确定终究是已经存在的现实，接受我们所知的只不过是浩瀚的未知海洋表面的东西。

如果你真的可以接受自己知之甚少的现实，就不会因不确定性而感到焦虑。焦虑不再是一种警示，不再是偏离常态。焦虑会成为现状，一种不具威胁性的现状。诡异的是，你放弃控制权，反而会获得控制权。

保持平稳

如果说你在身为社会企业家这个阶段有什么东西是确定的话，那就是人生一定有高低起伏。人生不如意事真是十之八九。事情出问题，我们就很容易陷于焦虑，然后就飞快地遁入愿景世界。

其实你还有别的选择。你可以看得更长远一点，提醒你这一季很长。不要因为形势大好就兴奋过了头，也别因为情况很糟就心情沮丧，也许明天一切都不同了。

要有全局观

之前提过，遁入愿景世界是对付焦虑的灵丹妙药，我们再次回到那里来总结一下我们的讨论。我们要讲的不仅仅是愿景，而是大的格局。大格局也需要你用长远的眼光看待问题，或者说，要你借用上帝的视角去看待问题，而不是用普通烦人的长远视角来看待问题。

社会企业成功与否的确很重要，但从另一个角度来看其实也无足轻重。就像印度家喻户晓的神圣经典《薄伽梵歌》提醒我们的那样，我们参与的是一场盛大的宇宙之舞。千万年来，生与死、狂喜与痛苦、爱与恨、和平与战争、胜利与失败，各种矛盾二重性一直都与我们如影随形。从我们在这出大剧里所处的位置来看，我们告诉自己每个人的结果都很重要。但这只是一种幻象，是傀儡渴望成为神祇的绝望幻想。

巧的是，这也是一种必要的幻象，因为促使我们采取行动把这场大戏推到台前的，正是我们为追求成果而投资的心血。要是我们觉得自己无关紧要，我们还会这么激情万丈吗？没有激情，何来戏码，何来美好，最终何来这场舞蹈？

从这个角度来看，输赢真的并不重要。输赢都是凡人的幻象。万能的编舞者不会像我们支持纽约洋基队还是波士顿红袜队那般去偏心这样或那样的结果。简单地说，这就是一个舞台，喜剧大幕已经拉开，没有尽头，永无休止，以天地宇宙来说，只要我们参与，我们就能赢。

这场无休止的愿景里有美好，有崇高，还有平和与宁静，让我们直面令我们宁愿躲入愿景世界的焦虑。你很担心在这场人生赛局中走错一步吗？不用担心。只要你是人，你做的都是对的。

你还烦恼地球或是你的社会企业的未来吗？当然你肯定有战略眼光。这已经写入你的职责所在。焦虑烦恼正是让这场舞蹈动起来的情绪之一。但我们无须强调这一点，不需要把焦虑变成让人恐惧的狮子。你担心着，烦恼着，那又怎样？你在跳你的舞蹈啊。

这本书也快到尾声了。书里涉及很多主题，我们描绘了社会企业这个快速扩张领域的图像。我们涉足了对定义的辩证，这个至关重要的新兴模式有大量从心出发的理解，我们对这些看法提供了论据。我们还透过理念、金钱和人才这些基本观点去检视了社会企业的不同机制。我们以现实世界中的社会企业家为例讲述他们的故事，他们都在奋力解决那些对使命而言至关重要的问题。我们还进入了领导力这个平行的领域，将领导力看作自我实现的表达，从而检验领导力的观点。我们还遵循圣经的模式，跟大家分享社会企业成功十诫。我们还提醒大家愿景狂会带来的危险。

我们希望，所有这一切，林林总总，整理起来之后可以让你更加理解社会企业这个世界及其运作方式。

主要的业务风险是什么，你能从中领悟到什么，则见仁见智，但我们还要强调以下几点供你参考。

首先，围绕社会企业定义的辩论，虽然挺有意思，而且有些方面很重要，但终归不是主要的问题。重要的不是人们自己说什么，而是他们做了什么。

其次，要及早沟通，把话说明白，还要经常沟通。

第三，虽然企业家和社会企业家成功的原则相似，但在一些重要领域也不同。

- 说起在内心理清信念，并向团队成员、投资人和利害关系人沟通清楚而言，社会企业围绕理念要做的事情更多，更具挑战性。

• 社会企业家必须能在组织形态方面明智布局，必要时还需要加上创意。

• 以绝大多数案例来说，如果能将社会使命与品牌和商业模式好好融合在一起，对社会企业家就非常有利。（当然，对于不追求社会使命的企业家而言，这个不是个问题）

第四，还有一些专门以社会企业家为猎物的特殊陷阱。传统企业主要以左脑思考，而社会企业家通常会在左右脑之间，理性与感性之间寻求平衡。这会让他们暴露在过度补偿的风险之下，容易感情用事，导致他们做出的商业决策不那么理想。不管组织形态如何，都要像经营企业的方式来经营社会企业。即使做主的是感性的人，也要遵循基本的商业原则。

第五，你成为社会企业家的意识越强，对自己和对世界更好。“意识”这个词长期以来被用得太滥，我们承认这点上也从众了。从字面上讲，只要你没有昏迷，不在睡梦中或还没死的话，你都有意识。不过，这个词又出现了另外一个意思。以作家兼咨询师弗瑞德·考夫曼（Fred Kofman）的话来说，“意识代表觉醒，用心，要清醒地活着，代表你要以开放的心态审视周围的世界和内心的自我，要了解我们所处的环境，并判断如何用尊重自身需求、价值观和目标的方式回应外在的环境”。[13]

“有意识”的另一种定义，如果不是西方文化对冥想传统的影响力日趋增加，就不会广为流传。我们在冥想之时，会精于从不带批判性的角度观察自身的感受、思考、想象和采取的行动等等。随着这种能力不断增加，我们依然会有不假思索的自发性反应，但不会那么冲动了。我们可以根据真正的意念行事。我们更有“自觉性”了。

即便是我们当中没有进行冥想的人，也会接触到时不时就出现的冥想状态。因此，今天我们有了很多概念，比如有意识的衰老，有意识的关系，有意识的饮食，以及我们差点忘记的，有意识的资本主义。考夫曼将其定义为，“企业将业务重点只放在追求利润方面重新转到关注诚信、关注更高的标准以及为包括员工、供应商、客户、投资人、社区乃至整个世界在内的所有利害关系人服务”。[14]听起来很像社会企业，对不对？

就是在这里，社会企业开始转向禅型社会企业，主要在于遵循一条智慧之路。这关于自我观察和自我认知，关于保持平衡与谦逊，关于学会分辨传承下来的真理——那些对你而言能够真正发挥效果的真实，关于培养出准确的认知，根据万事万物的排序了解我们的位置，关于践行哲学家肯恩·威伯尔（Ken Wilber）所说的“充满激情的平静”，关于在内心找到一个地方，让《薄伽梵歌》带来的哲学慰藉为我们提供力量，让我们坚守采取行动的承诺。

社会企业提供很好的机会让我们更加擅长处理这些事情。社会企业的目的不在于个人成长或灵性的培养，但两者之间有积极的关联。你越是一个娴熟的禅型企业家，你成功的机会越大。

不过千万别误会了，不管神怎么看待这个问题，以人的角度来看，或者说从感性的角度来看，你的成就非常重要。社会企业是试图大刀阔斧改变资本主义的大胆尝试。①在我们这个岌岌可危的小星球上，没有其他比这更重要的事情了。

---

① “有意识资本主义”一词是有意识资本主义公司的商标。http://consciouscapitalism.org/.

附录 A

基本商业实体特征对比表				
优点	非营利企业	股份公司	小型股份公司	有限责任公司
成员和股东是否要承担有限责任	是	是	是	是
是否允许以利润参股	否	是	是	是
免税利润	非相关经营收入税	否	税赋转由合伙人缴纳	税赋转由合伙人缴纳
灵活构建企业管制和管理层的自由	否	否	否	是
利害关系人可否参与决策	是	是（董事代表）	是（董事代表）	是
是否可以接受债权投资	是	是	是	是

（续表）

优点	非营利企业	股份公司	小型股份公司	有限责任公司
是否可以接受股权投资	否	是	是	是
是否允许不同类型的成员或股东	是	是	否	是
是否可以按比例做损益分摊，而不以出资款为准	无/不能派发利润	仅按类别分	否	是
出资款可以抵扣税	是	否	否	否
可以和营利实体成立合资企业	有限	是	是	是
可以和非营利实体成立合资企业	是	是	是	是
容易增加新投资人	否	是	是	否

基本商业实体特征对比表				
缺点	非营利企业	股份公司	小型股份公司	有限责任公司
禁止将非营利组织资金用于私人用途	是	否	否	否
必须对所有合资企业进行有效控制	是	否	否	否
各管理层要对公众负责	是	否	否	否
管理层要对股东负责	否	是	是	是
收益方面，实体所有人要支付联邦保险捐助条例税	是	是	是	否
是否接受复杂的监管	否	否	否	是
必须设定一个董事会	是	是	是	否

（续表）

缺点	非营利企业	股份公司	小型股份公司	有限责任公司
可以由营利性实体控制	间接	是	是	是
可以向公众大量提供股票或进行首次公开募股	否	是	否	否

备注：上表未包含共益企业，因为共益企业是一种营销说法，而不是一种商业实体。

附录 B
社会企业相关问题，你想问又怕问的问题

哪种组织类型适合我？

这取决于你为什么要发起社会企业。你在规划未来的时候，如果未来必须依靠他人的资金支持，你是否安心？你希望自己可以从这份事业中获利吗？如果你的答案是前者，那么非营利组织可能是适合你的道路。如果是后者，你最好还是进入营利型企业的范畴。如果你两者都想要，那么你可以像越来越多的人做的那样，考虑混合型组织形态。

在某种程度上，这个问题的答案要看你的资金来自何方。你可以通过补贴和捐赠获得必要的资金吗？如果你可以，就能真正按非营利身份行事。如果你觉得自己需要投资人，营利型组织可能更适合。

如果你决定做非营利型组织，你必须确定税法第501（c）项之下哪种组织形式最适合你。最可能的做法是成为税法第501条（c）项第（3）款下的免税教育组织或免税慈善组织。

如果你打算成为营利型组织，你得在有限责任公司（LLC）与合伙企业两种组织形式中任选其一。被称为C类公司的股份有限公司要纳税。有限责任公司、合伙企业及小型股份公司不需要

纳税。这三种企业是说服流转型组织：业主直接交税。

我是否应该成为新型共益企业？

成为共益企业公司倒有两个好理由。首先，如果你对市场说明你是一家社会企业就能带来巨大的商业价值。其次，如果你认为你企业的社会价值需要将公开的方式纳入组织的DNA之中。

共益企业是最近才兴起的创新产物，在我们写这本书的时候，几乎算是无人知晓的产品。共益公司代表的所有意义，我们还没有完全理清楚。由于不明朗代表着风险，这个时候采用共益企业的方式，对其知之甚少算是其负面影响之一。不过也有一些反向考量，例如品牌效益，可以抵消上述担忧。

选择成为小型股份公司怎么样？

和共益企业一样，小型股份企业也有品牌推广方面的好处。成为小型股份企业就代表宣称“成为社会企业我很自豪”。不过小型股份企业的缺点就是有不算小的管理成本和财务成本。当中取舍是否值得要由社会企业家自行判断。

作为营利型组织，我如何从与非营利组织合作中受益？

大体而言，你可以在两方面受益。首先，你的品牌因为与某项事业相关而受益。其次，还有很多其他视具体情况而定的商业利益。和非营利组织结盟可以获得慈善资本、政府合同及只有非营利组织可以提供的专业服务。有了合伙伙伴的批准，就有了更多的好处，非营利组织也可以简化进入新市场的渠道。

作为非营利型组织，我如何从与营利组织合作中受益？

与营利型组织成为合作伙伴带来的好处有以下几点：

- 可以获得资金。营销活动可以为非营利型组织带来大笔经营收入。

- 可以获得资源和技术等支持。

- 有些事情，非营利型组织单独去做风险太高，与营利型组织合作则可以促进关系或可以去追求这类事业。

- 营利企业可以成为非营利组织的支持者的投资工具。比方说，支持者可以直接投资甲公司，条件是甲公司的部分或所有股息要直接捐给非营利型组织。或者，支持者可以把准备投资给甲公司的资金捐赠给非营利型组织。

- 可以从事某些特定商业活动而无须缴纳营业所得税。如果一家符合美国税法第501（c）（3）款免税资格的企业获得与慈善目的或教育目的无关的营业所得，就必须根据美国国税局《非相关营业活动所得税》规定纳税。不过公司股息无须缴税，公益营销型合伙企业产生捐款也无须缴税。

作为非营利组织，我能合法追求哪些投资策略？

你可以经营任何类型的企业，没有任何限制。不过，某些情形下你需要支付非相关营业活动所得税。在更多极端的情况里，你可能冒着失去免税身份的风险。

如果你的业务与你的慈善目的或教育目的没有实质性关联，你就必须支付非相关营业活动所得税。如果你获得税法第501（c）（3）条下免税身份的首要目的是经营一家不会直接促进你的慈善使命或教育使命的企业，你就冒着失去免税身份的风险。

作为一家非营利机构，我可以采用哪些策略？

只要董事会批准投资，并谨慎使用组织的资产，非营利机构可以投资任何企业。

借助这笔投资产生的收入可能要纳税，也可能不用纳税，视具体情况而定。正如我们看到的那样，股息是不用纳税的。不过，如果你投资的是一家有限责任公司，因为其是赋税专有合伙人缴纳的法律结构，因此收入所得需要纳税。

从企业的角度看，哪些办法最能善用社会使命？

有两种基本方法可以善用社会使命——市场影响和战略合作伙伴关系。

当你把社会使命融入企业战略，你就不必再将使命强制加入营销材料当中，一切自然而然，水到渠成。例如如果你定下“二合一”的政策，你每买下一件产品，另一件就捐给需要的人——因为这是你的核心卖点，你就要让大家都知道这一点。很多人是因为这样才选择购买你的产品。

至于战略合作伙伴关系，如果设计得宜，可以带来显著的品牌效益。比方说，西尔斯百货（Sears）长期以来都有雇用退伍老兵的传统。所以这家公司获得“爱国者分数”，以及退伍军人这个团体对这家公司的高标准表现的认同。

尾　注

序

1. 艾伦•布隆伯格（Allen Bromberger），《井然有序》，（Moyer Bell Ltd. 1989）.

2. 艾伦•布隆伯格（Allen Bromberger）和凯瑟琳•L•伍德曼（Catherine L Woodman），为非营利组织提供咨询（纽约法律协会理事会，1990年）。

3. 卡尔•弗兰克尔（Carl Frankel），《地球上的公司：商业，环境和可持续发展的挑战》（新社会出版社，1998年）。

4. 卡尔•弗兰克尔（Carl Frankel），《走出迷局》（Monkfish Book Publishing， 2004）.

第一部分

1. 穆罕默德•尤努斯（Muhammad Yunus），《打造社会企业》（纽约：公共事务，2010年）。

2. 杰德•艾默生（Jed Emerson），“社会企业家抗辩定义”（2011年加利福尼亚联邦俱乐部演讲），2012年9月19日，fora.tv/2011/02/23/Jed_Emerson_The_Blended_Value_

Proposition#Jed_Emerson_Social_Entrepreneurship_Defies_Definition.

3. “基督教社会企业家用不同的标尺衡量成功”，浸信会标准，2009年7月29日， 2012年9月19日。

www.baptiststandard.com/index.php?option=com_content&task=view&id=9087&Itemid=53.

4.国土安全局应用科学基金会（ASFHS）的所有引用均来自国土安全应用科学基金会网站，访问时间为2012年9月19日，www.asfhs.org/ASFHS/index.html.

5.LuminAID，访问时间，2011年10月5日，www.luminaidlab.com/.

6.沃比·帕克眼镜公司（Warby Parker），“我们如何做”，访问时间：2012年10月31日，www.warbyparker.com

7.南非社会投资交易所（SASIX），《关于我们》，www.sasix.co.za

8.汤姆•李（Tom Lee）接受卡尔的采访。

9.卡拉计划，2012年10月31日，www.thecaraprogram.org/

10.安联集团，《微保险》，2012年10月31日，www.allianz.com/en/index.html.

11.沃达丰，《金钱的转移》，2012年10月31日

www.vodafone.com/content/index/about/about_us/money_transfer.html.

12.关于社会内部创业挑战的有趣讨论，请参阅大卫•格雷森（David Grayson），麦乐迪•麦克拉伦（Melody McLaren）

和海库•斯皮特柴克（Heiko Spitzeck）的《社会企业内部创业者——可持续发展的额外力量（克兰菲尔德管理学院道蒂企业责任中心，2011）

www.som.cranfield.ac.uk/som/dinamic-content/media/social%20intrapreneurs%20occasional%20paper.pdf.

13.伊丽莎白•萨图瑞斯（Elisabet Sahtouris），《企业生物学：新的自然法则揭示更好的商业方式》，《观点》（世界商学院）19，第4篇，（2005年1月），www.sahtouris.com/pdfs/BOBOBPart2.pdf。

14.米尔顿•弗里德曼（Milton Friedman），《企业的社会责任是增加利润》，纽约时报杂志（1970年）引用M.J.Perry的话，《企业社会责任：自由社会中一种根本颠覆性的学说》，弗里德曼，活在当下博客（Carpe Diem），2011年3月8日，mjperry.blogspot.com/2011/03/social-responsibilityfundamentally.htm。

15.阿南德•葛德哈拉德斯（Anand Giridharadas），《真正的变革需要政治》，纽约时报， 2011年7月15日，www.nytimes.com/2011/07/16/us/16ihtcurrents16.html?_r=1

16.亚历山大•沃尔夫（Alexander Wolff），《体育拯救世界》，体育画报，2011年9月26日，sportsillustrated.cnn.com/vault/article/magazine/MAG1190627/1/index.htm

17.查尔斯•里德比特（Charles Leadbeater），《达拉斯独行侠队的主流》，《观察者报》，2011年3月25日，www.

guardian.co.uk/society/2007/mar/25/voluntarysector.business.

18. 阿南德·葛德哈拉德斯（Anand Giridharadas），《真正的变革需要政治》，纽约时报，2011年7月15日，www.nytimes.com/2011/07/16/us/16ihtcurrents16.html.

第二部分

1. “变成营利性机构之后，沙发客（CouchSurfing）遭用户抵制”。GigaOM，2011年9月11日，igaom.com/2011/09/01/after-going-for-profit-couchsurfing-faces-user-revolt/

2. Omidyar Network（慈善机构奥米德亚网络），“方法”，2019年9月19日，www.omidyar.com

3. 社会资本市场网，“关于”，2012年9月19日，socialcapitalmarkets.net

4. 朱迪·维克斯（Judy Wicks），“提升21世纪价值的意义和衡量标准”演讲嘉宾（2012年9月27日、28日，费城沃顿商学院，可持续商业会议的新指标）。

5. 纽曼自有基金会，2011年10月31日，《历史》，www.newmansownfoundation.org

6. TOMS，www.toms.com.

7. Kickstarter，“Pebble：适用于iPhone和安卓系统的

电子纸手表”，2012年10月31日。

www.kickstarter.com/projects/597507018/pebble-e-paper-watch-for-iphone-and-android

8.例如，参见Lynn A.Stout的“为什么我们不应该再教道奇诉福特案件”，《弗吉尼亚法律与商业评论》3，第一卷（2008）。

9.《美国国税局首席顾问第39862号备忘录》，1991年12月2日。

10.米切尔•派恩斯与卡尔之间的私人信件。

11.摘自慧言网（BrainyQuote），《安妮•麦卡伊名言录》，2012年11月4日。

www.brainyquote.com/quotes/authors/a/anne_m_mulcahy.html.

12.Ibid，《玫琳凯名言录》，2012年10月25日，www.brainyquote.com/quotes/quotes/m/marykayash393052.html.

13.ThinkExist.com名言录，《汤姆•彼得斯名言录》，2012年10月26日，

thinkexist.com/quotation/the_simple_act_of_paying_positive_attention_to/168176.htm

14.《黑手党经理人：马基雅维利公司指南》（圣马丁的鹰头狮，1997年），63页。

15.琳达•阿瓦瑞斯（Linda Alvarez），发现协议公司，《发现协议是一家怎样的公司？》，www.discoveringagreement.com/history-and-philosophy，在与

卡尔的访谈中提供的其他信息。

16. 名言搜索网，《玫凯琳名言录》，2012年10月25日，

www.searchquotes.com/quotation/We_treat_our_people_like_royalty._If_you_honor_and_serve_the_people_who_work_for_you，_they_will_hono/49876/.

第三部分

1. 雷切尔•切尔南斯基（Rachel Cernansky），《沃尔玛最新可持续发展倡议，专注本地农产品和小农户》，博客索引Treehugger，2010年10月14日，

www.treehugger.com/corporate-responsibility/walmarts-newestsustainability-initiative-focuses-on-local-produce-small-farmers.html.

2. 杰夫•迈耶斯（Jeff Meyers），《精华之旅》（2011年9月），Gurdjieffwork.com， www.gurdjieffwork.com/site/index.asp?page=131762&DL=243.

3. 杰森•斯特里特（Jason Street），与作者的私人交流。

4. 香港慈善组织Redress，《视野》，2012年10月5日，redress.com.hk

5. 谢里•温斯顿（Sheri Winston），《女性性唤起解密：通往隐秘欢愉的秘密地图》（芒果花园出版社，2009年），美国性教育师、咨询师及治疗师联合协会2010年年度大奖获得者。

6. 罗伯•莱德罗（Rob Lederer）与卡尔之间的私人交流。

7. 多洛雷斯•德尔维奇奥与卡尔。

8. 菲尔•哈维（Phil Harvey），采访卡尔。

9. 乔治•波利斯纳（George Polisner），采访卡尔。

10. 大卫•凯斯与凯文•凯利采访卡尔。卡尔也是齐瓦诺（Civano）项目的顾问。

11. 罗伯•莱德罗（Rob Lederer）与卡尔之间的私人交流。

12. 同上。

13. 肖恩•墨菲（Sean Murphy），“意识资本主义”，Murfdipity（博客），murfdipity.com/conscious-capitalism/。

14. 同上。

致　　谢

二十多年来，我一直在社会责任企业和社会企业领域工作，要花好多时间才能想起我可能认识的所有人。没办法，有些老师和同事已经找不到了。缺失的是记忆，而非感激之情。同时，我想要感谢以下各位，感谢他们的信任，感谢他们与我一起学习，帮我获得专业知识：托尼·科尔特斯、吉尔·福瑞德、保罗·吉尔丁、斯图尔特·哈特、布莱恩·凯利、金·洛克伦、乔尔·马科夫、鲍勃·马西、理普·梅塔、喜拉德·萨贝提、安德烈·斯潘塞·库克、已故的迈克尔·沃德和马丁·赖特。

我很感激那些在百忙中抽空接受采访的朋友：琳达·阿尔瓦雷斯、大卫·凯斯、克里斯蒂娜·迪恩、菲尔·哈维、琳达·洛、罗伯·莱德罗、汤姆·李、迈克尔·皮伦、乔治·波利斯纳、喜拉德·萨贝提、米歇尔·圣简安、霍顿·万和安德烈·威廉斯。名单上有些朋友的访谈最后并未被收录，这不是他们的问题，我深表歉意。

特别鸣谢社会企业专家米切尔·派恩斯的反馈，我才可以完成一些重要的润色。谢丽、德比，我也要感谢二位的卓越引导。

路走来，得到很多朋友的帮助。我想点名感谢几位：布伦特、布莱恩、大卫、德比、艾瑞克、哈德逊、米琪、保罗、罗伯、瓦尔和温蒂。其他人都知道你们是谁。

我也要感谢我的家人：亚伦、艾米莉、亨特、马克、苏、伍迪，还有神秘的新人儿。

我要感谢我的合著者艾伦·布隆博格，感谢他不可或缺的贡献。

最后，我想要感谢谢丽·温斯顿，感谢她的爱与支持。谢丽，感恩此生有你共度。

——卡尔·弗兰克尔

这样一本书，无疑是众多分享创意与实验的先行者之产物——是那些慷慨分享实验成果先行者的杰作。本书列出了一部分人的名字，但并未全部列出。我尤其要感谢我的合著者卡尔·弗兰克尔，他阐明了一些特别复杂的材料。我想要感谢是律所的合伙人塞斯和克里夫·佩尔曼及芭芭拉·纳格尔，还有我们出色的同人张音音、凯西·奥特根、凯丽·莱茵海瑟和珍妮尔·约瑟夫，谢谢你们，大家受累了。我还要感谢特里·莫尔纳、韦恩·西尔比、托德·约翰逊、乔伊·安德森、杰·科恩·吉尔伯特、安德鲁·卡索伊和巴特·胡拉汉（B实验室的创始人），喜拉德·萨贝提、伍迪·塔什、德比·尼尔森、大卫·勒文、杰弗里·霍兰德、马克·雷恩、比尔·斯特拉斯曼、彼得·斯沃兹、大卫·赛亚、维克多·鲁比诺、丹·帕洛塔、艾琳·海斯曼、罗伯·韦克斯勒、卡斯·布鲁尔、马克·欧文斯、麦克·桑德斯、伊娃琳·布罗迪、马里恩·弗里蒙特-史密斯和吉姆·弗鲁特曼。最后，感谢一路支持我，与我同甘共苦的你们：我的妻子劳伦·戈德斯坦和我的女儿阿比盖尔和伊丽莎。

——艾伦·布隆伯格